Aspirant T. ALBORD
Diplômé d'Études supérieures d'Histoire et de Géographie.

NOTES

SUR LES

PRÉPARATIFS MILITAIRES

A LYON, EN 1814

LYON
A. REY, IMPRIMEUR-ÉDITEUR
4, RUE GENTIL, 4

1913

NOTES

SUR LES

PRÉPARATIFS MILITAIRES

A LYON, EN 1814

Aspirant T. ALBORD

Diplômé d'Etudes supérieures d'Histoire et de Géographie.

NOTES

SUR LES

PRÉPARATIFS MILITAIRES

A LYON, EN 1814

LYON

A. REY, IMPRIMEUR-ÉDITEUR

4, RUE GENTIL, 4

1913

NOTES

SUR LES

PRÉPARATIFS MILITAIRES

A LYON, EN 1814

AVANT-PROPOS

Laissant de côté les opérations de campagne, nous avons essayé de déterminer ici les préparatifs qui furent faits pour la défense de Lyon, en janvier 1814, lors de la première apparition des Autrichiens; la part que prit la ville dans la formation de l'armée du maréchal Augereau; enfin les causes qui déterminèrent sa reddition après la bataille du 20 mars.

Malheureusement les Archives municipales et départementales du Rhône sont assez pauvres en documents sur cette période. S'il subsiste quelques imprécisions dans notre étude, elles sont imputables à cette pénurie. Du moins avons-nous tenté d'interpréter avec exactitude les papiers qu'il nous a été donné de feuilleter.

T. A.

I

LA PREMIÈRE MENACE CONTRE LYON

LA VILLE AUX DERNIERS JOURS DE DÉCEMBRE 1813

A la fin de l'année 1813, repoussant les petits corps français échelonnés sur le Rhin, les Alliés pénétrèrent en France. L'Armée du Nord (Bernadotte), formant la droite, traversa la Hollande et la Belgique pour atteindre la vallée de l'Oise. Au centre, l'Armée de Silésie (Blücher) franchit le Rhin à Coblentz et à Mayence, s'avançant vers la Marne. Enfin, à la gauche, l'Armée de Bohême (Schwarzenberg) passa le fleuve à Bâle et à Schaffhouse, se dirigeant vers la vallée de la Seine. A Bâle, une division légère, commandée par le comte Bubna, fut détachée avec mission de traverser toute la Suisse et d'entrer en France par Genève.

Ces nouvelles parvinrent à Lyon le 24 décembre et y causèrent des inquiétudes. Dès le lendemain, le maire de la ville envoya des émissaires à Genève, Nantua, Bourg, Pont-d'Ain et dans toutes les communes environnantes que pouvait menacer l'ennemi.

Instruit chaque jour des événements, il en donna régulièrement avis au public, afin de fixer et de tranquilliser l'opinion. Mais la reddition de Genève (31 décembre) — permettant à Bubna d'étendre ses lignes, de pousser des reconnaissances — et un faux avis parvenu au préfet du Rhône sur l'occupation de Bourg jetèrent l'alarme dans la ville et provoquèrent une panique[1].

Lyon ne renfermait alors que peu de troupes. Le général de brigade Poncet, commandant par intérim la 19ᵉ division militaire, réunissait sous ses ordres :

> Le dépôt du 24ᵉ de ligne (500 hommes de nouvelles levées, sans vêtements ni chaussures);
>
> 430 hommes du 2ᵉ régiment d'artillerie de marine;
>
> 60 hussards du 1ᵉʳ régiment;
>
> 30 gendarmes;
>
> 32 gardes d'honneur du 4ᵉ régiment[2];

---

[1] Archives municipales de Lyon, H², *Rapport sur les événements militaires de 1814*. Ce rapport est incomplet, des feuillets ayant disparu. Il ne porte pas de signature. M. Gonnet *(la Campagne de 1814)* l'attribue à un membre de la municipalité sinon au maire lui-même. Il est à remarquer que ce rapport se rapproche beaucoup du livre de Guerre : *Campagnes de Lyon en |1814 et 1815*.

[2] Les gardes d'honneur furent créés par le sénatus-consulte du 3 avril 1813. Ils devaient former un complet de 10.000 hommes répartis en quatre régiments à cheval. Les généraux de division ou de brigade en étaient colonels, un colonel y remplissait une place de major. Les autres officiers avaient même rang que les officiers du grade correspondant dans la ligne. Les hommes, qui pour s'engager devaient avoir de dix-neuf à trente ans, s'habillaient, s'équipaient et se montaient à leurs frais, avaient la solde des chasseurs

100 hommes de la compagnie départementale[1].

Soit 1.150 hommes environ, en inscrivant cette dernière compagnie au nombre des troupes régulières. Pour toute artillerie, la garnison disposait de 2 obusiers. Il n'y avait pas un canon, pas un caisson, pas une gargousse dans l'arsenal; point de cartouches préparées, point ou très peu d'armes, point de munitions, point d'effets ni d'approvisionnements dans les magasins

de la Garde et, après douze mois de service dans ces régiments, devaient avoir le grade de sous-lieutenant.

Le 4ᵉ régiment fut réuni à Lyon et recruté par engagements dans les départements des 6ᵉ, 7ᵉ, 8ᵉ, 9ᵉ, 19ᵉ, 21ᵉ, 23ᵉ, 27ᵉ et 32ᵉ divisions militaires.

Archives départementales du Rhône, *Gardes d'honneur*, 1813.

[1] Ce que Guerre et le rapport sur les événements militaires de 1814 désignent sous le nom de compagnie départementale est vraisemblablement la « Compagnie de la réserve du département du Rhône ». Ces compagnies créées dans chaque département par décret impérial du 24 floréal an XIII (voir *Bulletin des Lois*, n° 50) étaient particulièrement destinées à fournir la garde des hôtels de préfecture, archives des départements, maisons de détention, dépôts de mendicité, prisons de police et criminelle. Leurs officiers étaient pris parmi les officiers en retraite ou en réforme; les gradés, parmi ceux jouissant d'une solde de retraite ou parmi les individus ayant servi six ans dans la ligne, n'ayant pas quitté le service depuis plus de quatre ans et ayant obtenu un congé absolu. Ces compagnies étaient semblables à l'infanterie, mais le préfet exerçait sur les officiers, sous-officiers et soldats les mêmes droits et autorité que les colonels ont sur leurs officiers et soldats des régiments de ligne.

Au 1ᵉʳ janvier 1814 l'effectif de la compagnie du Rhône comprenait : 2 capitaines, 1 lieutenant, 2 sous-lieutenants, 1 sergent-major, 5 sergents, 1 fourrier, 11 caporaux, 4 tambours, 123 fusiliers. Détachés : 16. Aux hôpitaux : 5. Effectif : 167. Manquent au complet : 38.

L'effectif, en février, varia de 153 à 131. Il y eut des désertions. Au 1ᵉʳ mars l'effectif fut de 93 et il remonta à 157 jusqu'au 20 mars, date de la reddition de Lyon. Il redescendit ensuite à 37 (30 mars).

Arch. départ., 6 R., *Compagnie de la Réserve du Département du Rhône, livre de mutations*, 1814.

militaires. Enfin, la ville elle-même était une ville ouverte, son enceinte ayant été démantelée à la suite du siège de 1793[1].

Le général Poncet écrivait le 27 décembre au ministre de la Guerre : « Il m'est extrêmement pénible « de n'avoir dans la division aucune force réelle... » et le 28, au préfet du Rhône, comte de Bondy : « J'ai « écrit à Son Exc. le ministre de la Guerre par le télé-« graphe et par l'estafette, pour lui demander des « secours et des instructions. J'attends sa réponse.

« J'ai ici environ 1.000 hommes valides et armés, « tant en infanterie qu'en cavalerie. Un faible renfort « qui m'arriverait suffirait pour défendre les approches « de la ville de Lyon, au moins contre un parti qui « viendrait la mettre à contribution... On peut d'au-« tant plus supposer cette intention à l'ennemi qu'il « pourrait de là aller ruiner notre première manufac-« ture d'armes à Saint-Etienne.

« Dans cet état de choses, je vous prie, Monsieur le « Préfet, d'inviter MM. les magistrats de la ville de « Lyon à concourir aux moyens que je pourrai prendre « pour sa défense et d'exiger d'eux une réponse positive « et catégorique *en oui ou en non* sur leurs intentions à « cet égard. Je l'attends avec la plus extrême impa-« tience ; il faut que je la fasse connaître au ministre « de la Guerre, afin qu'il sache sur quoi compter pour « me donner les ordres et les secours que j'attends de « lui[2]... »

[1] Une chemise à tracé bastionné subsistait seule sur le plateau de la Croix-Rousse, allant du Rhône à la Saône.
[2] Arch. départ., *Autorité militaire* : 1814-1815. Invasion.

Le 31, il faisait évacuer précipitamment sur Clermont la caisse du payeur général.

La situation de Lyon était grave. Cependant les pouvoirs locaux ne firent à peu près rien jusqu'à l'arrivée d'un commissaire extraordinaire de Sa Majesté et se bornèrent à assurer l'ordre intérieur. Les habitants des campagnes, à l'annonce de l'approche des Autrichiens, fuyaient en effet de tous côtés avec leurs familles, leurs bestiaux, leurs effets précieux, venant chercher asile à Lyon tandis que les familles riches, les habitants aisés de la ville, sans aucune confiance dans ses moyens de défense, l'abandonnaient pour se réfugier dans le Midi. Les ports du Rhône et tous les chemins étaient encombrés des richesses que faisait évacuer le commerce. « Les marchandises envoyées de « Lyon dans les montagnes du Beaujolais et de l'Au- « vergne pour y être à couvert s'élevaient, dit-on, à la « valeur de cent millions de francs[1]. » Le passage par le territoire suisse, le seul qui restait à Lyon pour l'écoulement des produits de ses manufactures, se trouva intercepté par la violation de la neutralité. Les manufacturiers et fabricants ne pouvant plus fournir du travail à leurs ouvriers fermèrent leurs usines. Les maisons de banque et de commerce durent interrompre leurs payements. Dès lors, la classe ouvrière, composant plus du tiers de la population, fut sans travail et resta redevable aux propriétaires, du prix de leurs fermes ou de leurs locations. Une multitude avide de nouvelles circula dans les rues, encombra les places

---

[1] Alphonse de Beauchamps, *Histoire de la campagne de 1814.*

publiques, principalement celles avoisinant l'Hôtel de Ville, « et tout portait à craindre que la malveillance saisît cette occasion pour exciter quelque désordre [1] ».

Le maire, comte d'Albon, réunit en conseil de mairie les adjoints présents à Lyon et invita ceux qui étaient momentanément absents à s'y rendre immédiatement (les adjoints étaient MM. Charrier-Sainneville, comte de Laurencin, Guirin de Cazenove, Riverieux de Varax). Il s'occupa de l'organisation d'une garde urbaine destinée à maintenir l'ordre et la tranquillité dans la ville. Comme cette organisation ne pouvait avoir lieu aussi promptement qu'on l'eût désiré, le maire prit le parti d'appeler auprès de lui par des désignations individuelles, du 27 décembre au 1er janvier inclus, les citoyens les plus notables de chaque arrondissement et leur confia la garde des principaux postes de la ville. Entre temps, il s'occupa de la nomination de l'état-major, des officiers et de la formation des contrôles de chaque compagnie. Mais le général commandant la division ayant refusé de livrer quelques mousquetons dispersés dans divers dépôts, cette garde était sans armes et ce ne fut qu'avec beaucoup de peine qu'on parvint à rassembler un nombre suffisant de fusils pour armer ceux qui chaque jour étaient commandés de service.

Ainsi l'invasion surprit la capitale du Sud-Est et beaucoup d'autres villes sans garnison suffisante, sans aucun moyen de défense. L'évacuation rapide de l'Allemagne, la retraite imprévue de la Grande Armée der-

---

[1] Arch. mun., Rapport sur les événements militaires de 1814.

rière le Rhin et jusqu'en Champagne ne permirent aucune mesure préliminaire de sûreté. Dans le désarroi qui suivit, Napoléon, absorbé par la réorganisation de son armée et l'élaboration du plan de campagne, donna peu ou point d'ordres, comptant sur les commissaires extraordinaires, les préfets, les municipalités, les gouverneurs de places fortes ou de territoires pour organiser la résistance. Mais les commissaires furent choisis plus ou moins heureusement, les préfets et les municipalités qui ne s'étaient jamais trouvés en présence de telles éventualités et de telles responsabilités perdirent la tête ou furent volontairement inactifs. Quant aux gouverneurs, la plupart étaient « des officiers âgés, « usés, grincheux, déshabitués de l'initiative par l'abso- « lutisme de Napoléon, incapables d'oser la moindre « mesure avant d'avoir reçu des instructions[1] ». Ils ne surent pas s'imposer ou seconder intelligemment les bonnes volontés qui s'offraient.

[1] Joseph Perreau, *l'Epopée des Alpes*, t. III, Berger-Levrault, 1912.

ARRIVÉE DE CHAPTAL. PREMIÈRES MESURES.
LES CORPS FRANCS ET LA LÉGION LYONNAISE

Le 4 janvier 1814, le sénateur Chaptal, commissaire extraordinaire de Sa Majesté, arriva à Lyon. Ses pouvoirs étaient définis par le *Moniteur* du 28 décembre et l'avis imprimé que le ministre de l'Intérieur adressait de Paris, le 29, au préfet du Rhône : « Aucun mécon-
« tentement de l'administration de ses Préfets n'a
« engagé l'Empereur à envoyer des Commissaires
« extraordinaires. Sa Majesté sait qu'elle est servie
« avec zèle, avec loyauté ; mais elle a pensé que, dans
« des circonstances aussi graves, des hommes d'un
« rang éminent, revêtus d'une grande autorité, admis
« fréquemment auprès du Souverain, ayant reçu ses
« instructions immédiates, pourraient rendre d'impor-
« tants services.

« MM. les Commissaires n'ont point à s'occuper
« des détails de l'administration, mais seulement à
« s'assurer que les résultats s'obtiennent ; et s'ils
« éprouvent des obstacles, à les lever. Souvent des
« conflits, des pouvoirs insuffisants, des cas imprévus
« embarrassent l'autorité, constituée pour des temps
« ordinaires. MM. les Commissaires préviendront les
« frottements, les lenteurs, l'insuffisance des diverses
« attributions.

« Mais surtout, ils s'attacheront à réveiller dans tous
« les cœurs ce sentiment français qui se révolta tou-
« jours à l'idée d'une domination étrangère et qui,
« même dans nos troubles civils les plus furieux, sut
« toujours réunir la masse de la nation contre toute
« agression ennemie... »

D'autre part, Montalivet, le 30 décembre, avait envoyé au comte de Bondy copie d'une lettre que les préfets des départements menacés avaient déjà reçue. Il terminait en disant : « Elle serait votre règle de con-
« duite si vous vous trouviez dans les mêmes circon-
« stances ; vous n'auriez qu'à prendre les ordres de
« M. le Commissaire extraordinaire de Sa Majesté
« pour mettre à exécution les instructions contenues
« dans ma dépêche du 28 du mois. »

Cette dépêche préconisait l'organisation en gardes nationales de tous les habitants capables de porter les armes et la mise à la tête de ces bataillons des hommes les plus connus par leur dévouement, par leur caractère énergique; des propriétaires les plus intéressés à sauver de la honte et du pillage leurs familles et leurs biens :
« Vous chercherez surtout — disait-elle — à former
« des corps de partisans dont les chefs ayant quelque
« habitude de la marche des armées et des meilleurs
« moyens de les inquiéter. Des corps de partisans habi-
« lement et audacieusement conduits rendraient
« d'éminents services; ils surprendraient les convois,
« enlèveraient les partis que l'ennemi envoie à la
« découverte; prendraient les dépôts, les bagages;
« tout ce qu'ils enlèveraient serait à eux... » Elle signalait les bienfaits de ces levées générales — l'en-

nemi devenant plus circonspect et faisant escorter ses convois par des forces importantes — engageait à favoriser surtout les compagnies de partisans à cheval, beaucoup plus mobiles, pouvant se porter rapidement aux gués, bois, marais et autres lieux où l'ennemi passerait nécessairement, où il serait facile de l'inquiéter : « Concertez-vous avec les chefs militaires
« actuels, avec d'anciens militaires... Je ne vous donne
« point de règles pour la levée en masse. Les circon-
« stances pourraient exiger qu'elles fussent modi-
« fiées... »

L'avis relatif au commissaire extraordinaire complétait ces instructions : « Redoublez de soins pour que
« les contingents de votre département à la conscrip-
« tion se réalisent et partent au plus tôt ; pour que
« l'approvisionnement des places, celui des corps
« d'armée ou des troupes qui seraient sur votre terri-
« toire ou à proximité n'éprouvent ni embarras ni
« retard ; pour que les chevaux requis soient fournis ;
« pour que les contributions soient payées ; pour que
« les besoins de la Patrie trouvent tous ses enfants
« prêts à y subvenir...

« Entretenez le zèle des sous-préfets, des maires,
« des membres de vos Conseils administratifs ; que par-
« tout ils donnent l'exemple ; qu'ils éclairent surtout
« l'opinion si elle tentait à se dépraver ; qu'ils montrent
« aux hommes les moins éclairés les vrais intérêts de
« tout Français[1]... »

[1] Arch. départ., Invasion de 1814 : *Commissaire extraordinaire de l'Empereur, Instructions ministérielles.*

Le préfet se conforma à la teneur des lettres ministérielles. Les chevaux de selle appartenant aux habitants de Lyon furent mis en réquisition pour monter les généraux, les officiers, les gendarmes ainsi que le détachement du 1er hussards [1]. Le 2 janvier, une affiche annonça la formation d'un *corps franc de voltigeurs et de partisans*. Un registre fut ouvert au Secrétariat de la Préfecture et à la Mairie de Lyon pour l'inscription des personnes qui voudraient faire partie de ce corps [2]. Le 5 janvier, Chaptal signa un décret l'organisant définitivement.

« ARTICLE PREMIER. — Un corps franc sera sur-le-champ levé et organisé à Lyon et dans le département du Rhône sous le nom de « Corps franc lyonnais ».

« ART. II. — Il sera composé de propriétaires, de négociants, de cultivateurs, de fabricants, etc.

« ART. III. — Le service du Corps franc lyonnais finira aussitôt que les ennemis auront été repoussés du territoire de l'Empire.

« ART. IV. — Le Corps franc lyonnais sera composé d'infanterie et de cavalerie.

---

[1] Bondy écrivait le 10 janvier à Chaptal : « Quant aux 70 chevaux « demandés à mon département, je n'en ai livré encore que 40, sa- « voir : 30 au 1er hussards, 4 de cuirassiers livrés à la gendar- « merie, 3 autres livrés à la même arme et 3 à M. le général Mus- « nier.

« Au surplus, M. le Comte, je me suis mis en mesure de fournir « le reste en me faisant adresser des listes de tous les chevaux « du Département qui sont en état de servir et je satisferai aux ré- « quisitions qui me seront adressées par M. le général comman- « dant la division... »

(Arch. départ., Invasion de 1814 : *Correspondance diverse.)*
[2] Arch. mun., H², Invasion de 1814 : *Affiches et proclamations.*

« Art. V. — Les jeunes gens qui voudront entrer dans ce corps peuvent se faire inscrire, dans le jour, à la Préfecture du Rhône ou dans leurs municipalités respectives.

« Art. VI. — Le Préfet du Rhône est chargé de l'exécution du présent décret. »

Mais le nombre des enrôlements volontaires fut très restreint et Sainneville, adjoint chargé de la police, écrivait au préfet à ce sujet : « L'opinion publique s'est « prononcée contre les corps francs. Je l'ai vainement « combattue. J'ai vu nos jeunes gens refuser d'y « entrer et demander à s'enrôler dans toute autre « arme... » Devant ce peu de succès, Chaptal se détermina, le 7 janvier, à autoriser la formation d'un nouveau corps de chasseurs à pied et à cheval sous la dénomination de *Légion lyonnaise*. Cette légion fut d'un caractère tout différent de celui du corps franc.

La garde nationale, en vertu d'un sénatus-consulte du 13 mars 1812, avait été organisée en trois bans comprenant respectivement les hommes de 20 à 25 ans, de 26 à 40 et de 41 à 60 ans. L'Empereur, pour résister à l'invasion, appela la garde nationale à l'activité et obligea les deux premiers bans à mobiliser 140.000 hommes sous le contrôle du ministre de l'Intérieur et des préfets. C'est dans ces deux bans que Chaptal et Bondy imaginèrent de recruter la Légion. Le 10 janvier, un long arrêté fixa les détails de la mise sur pied.

« Article premier. — La Légion lyonnaise sera composée :

« 1° De deux bataillons de 840 hommes chacun, en

tout 1.680 hommes formant le contingent d'activité de la garde nationale du département du Rhône, dont la levée est ordonnée par le décret impérial du 6 du présent mois ;

« 2° D'un escadron de cavalerie de 150 hommes.

« Art. II. — La levée des gardes nationales destinées à former les deux bataillons d'infanterie sera répartie ainsi qu'il suit :

    840 hommes pour la ville de Lyon,
    420 — — l'arrondissement de Villefranche,
    420 — — l'arrondissement de la sous-préfecture de Lyon.

Total. 1.680

« L'escadron de cavalerie sera composé des braves qui se sont inscrits aux Secrétariats de la Préfecture et de la Mairie de Lyon.

« Art. III. — MM. les Sous-Préfets des deux arrondissements du département et M. le Maire de la ville de Lyon procéderont, dans les vingt-quatre heures de la réception du présent arrêté, à la formation des contingents fixés par l'article ci-dessus. Ils se conformeront, à cet égard, à ce qui est prescrit par les décrets impériaux des 5 avril et 11 novembre 1813, insérés au *Bulletin des Lois*, sous les numéros 493 et 533.

« Art. IV. — La Légion lyonnaise sera organisée en tout comme la troupe de ligne et il sera pourvu à la nomination des officiers de la manière qui est déterminée par le titre II du décret impérial du 6 du présent mois.

« Art. V. — Il sera procédé à la désignation des

gardes nationales destinées au contingent ci-dessus, par le Conseil d'organisation établi par l'article 12 du décret du 5 avril dernier. Les premiers détachements devront partir des chefs-lieux, des sous-préfectures, pour Lyon, cinq jours après la réception du présent arrêté et l'opération devra être terminée le 25 du présent mois.

« Art. VI. — Les hommes atteints par la levée des 300.000 hommes ne pourront, sans aucune faveur, être compris dans la Légion lyonnaise ; mais les citoyens qui composent les six cohortes urbaines de la ville de Lyon, dont l'organisation a été faite conformément au décret impérial du 17 décembre, sont susceptibles d'y être appelés.

« Art. VII. — Il sera pourvu aux frais du département, conformément à l'article 10 du décret impérial du 6 du présent mois et à l'instruction de Son Excellence le Ministre de l'Intérieur, en date du même jour, au petit équipement, sacs, shakos, gibernes et capotes de la Légion lyonnaise ; les fonds nécessaires à cette dépense seront mis de suite en recouvrement par les moyens déterminés dans les décrets impériaux des 5 avril et 11 novembre derniers.

« Art. VIII. — L'armement, le grand équipement, la solde, les rations de vivres et de fourrages seront délivrés dans les formes et règles établies pour l'administration et la comptabilité de la troupe de ligne ; le tout conformément aux décrets impériaux des 5 avril et 11 novembre derniers. MM. le Commissaire ordonnateur et l'Inspecteur aux revues de la division seront invités à donner à cet effet les ordres et les instructions nécessaires tant à l'officier quartier-maître qu'au Conseil d'administration de ladite Légion.

« Art. IX. — Le Conseil d'administration se composera :

    « Du colonel commandant ;
    « Du chef d'escadron et, en son absence, d'un des chefs de bataillon ;
    « De deux capitaines d'infanterie ;
    « D'un capitaine et d'un sous-lieutenant de cavalerie ;
    « D'un lieutenant d'infanterie ;
    « D'un maréchal des logis chef et d'un sergent d'infanterie ;
    « De l'officier quartier-maître de la Légion.

« Ce dernier tiendra la plume et n'aura pas voix délibérative.

« Art. X. — L'uniforme de l'infanterie sera le suivant :

« Habit vert, un peu allongé, revers de la même couleur, avec passe-poil jaune, parements jaunes, collet vert, pattes et passe-poils jaunes ; la bande faisant le tour de la ceinture et des basques, boutons ronds blancs ; gilet vert, petits boutons ronds blancs, pantalon vert ;

« Guêtres noires montant au-dessus du mollet ;

« Shako noir, avec sa plaque sans cordons, et pompons de différentes couleurs pour désigner les compagnies.

« Le petit équipement de l'infanterie sera en tout conforme à celui de l'infanterie légère.

« L'uniforme de l'escadron de cavalerie sera le suivant :

« Habit-veste, revers de la même couleur, avec passe-poil jaune, parements jaunes, collet vert, pattes et passe-poils jaunes, la bande faisant le tour de la ceinture et des basques ; boutons ronds blancs ;

« Gilet vert, petits boutons blancs ;

« Pantalon à la hongroise, garni de tresses blanches ;

« Bottes à la hussarde, avec éperons noirs ;

« Shako garni de sa plaque et de son cordon, plumet vert et jaune ;

« Le petit équipement de la cavalerie sera celui des chasseurs à cheval.

« Art. XI. — M. le Commissaire des guerres de la place de Lyon sera invité à donner les ordres nécessaires pour qu'il soit fourni de suite au Conseil d'administration tous les effets de casernement que les lois et les règlements militaires attribuent aux troupes de ligne.

« Art. XII. — Le présent arrêté sera soumis à l'approbation de M. le Sénateur Chaptal, comte de Chanteloup, et copie en sera adressée à LL. EE. les Ministres de la Guerre et de l'Intérieur[1]. »

Cette mesure fut mieux accueillie et Sainneville put signaler au préfet le 8 que les nombreux jeunes gens qu'il avait réunis autour de lui le matin même étaient partis électrisés par sa présence, ses discours, sa con-

---

[1] Arch. départ., *Garde nationale mobilisée, 1813-1814. Habillement et équipement.*

fiance en eux et qu'ils avaient communiqué dans toute la ville leur enthousiasme et leur ardeur : « Je ne doute « pas que dans très peu de jours la Légion lyonnaise « ne soit au complet. Je m'occupe essentiellement du « succès de cette heureuse mesure. Je ne quitte pas « l'Hôtel de Ville, prêt à seconder tous les moyens et « à détourner les petites difficultés qui se présente- « raient. » Un enthousiasme général gagnait même les citoyens qui portaient en foule leurs contributions aux receveurs...

Malgré la grande activité déployée pour la confection de l'habillement, de l'équipement de cette Légion, les résultats furent peu brillants. L'enthousiasme tomba. Beaucoup d'hommes de Lyon, des communes voisines, ne rejoignirent pas ou furent déclarés impropres au service [1].

---

[1] Voici la circulaire adressée aux maires des communes de l'arrondissement de Lyon :

« Lyon, 13 janvier 1814.

« L'Auditeur, sous-préfet de l'arrondissement communal de Lyon,
« à M. le maire de la commune de...

« Conformément au Décret impérial du 5 avril 1813, vous voudrez « bien immédiatement dresser la liste de tous les habitants de votre « commune, de vingt à soixante ans. Cette liste sera divisée en deux « sections : la première de vingt à quarante ans, la seconde de qua- « rante et un à soixante ans. Cette liste sera déposée au secrétariat « de la mairie. Les citoyens seront invités par des affiches à venir « en prendre connaissance.

« Le contingent d'activité de votre commune est fixé à...
« hommes. Vous vous aiderez de votre Conseil municipal pour le « choix de ces individus qui devront être compris dans la première « section de votre liste. Vous aurez soin de ne désigner que des « hommes propres au service.

« Ils devront être rendus à Lyon, lundi 17 de ce mois.

« Le Conseil d'organisation procédera le lendemain 18 à 8 heures « du matin, dans l'une des salles de l'Hôtel de Ville de Lyon, à la

La Légion lyonnaise (infanterie), formée le 9 janvier et dissoute le 30 — ou, plus exactement, versée dans le Régiment du Rhône — comprit, d'après les indications que nous donne la feuille d'appel des officiers, sous-officiers et soldats :

1 chef de bataillon (M. Peillon), 5 capitaines, 1 lieutenant, 1 adjudant, 6 sergents-majors et 415 hommes. Sur cet effectif, 15 hommes furent réformés ou renvoyés. Beaucoup d'autres désertèrent, et cela dès le lendemain de leur incorporation. Ces déserteurs, au nombre de 161, ne reparurent pas dans le Régiment du Rhône le jour de sa formation.

L'empressement ne fut pas plus grand à l'escadron mis en activité le 16 janvier, à tel point que le 26 un ordre préfectoral le réduisit à une seule compagnie.

La *Compagnie des chasseurs à cheval lyonnais* fut passée en revue, le 28, à la caserne de la Nouvelle-Douane, par le sous-inspecteur aux revues Léorat. Elle présenta ce jour :

1 capitaine (M. de Maisonneuve), 1 lieutenant, 2 sous-lieutenants, 1 maréchal des logis chef, 1 fourrier, 8 brigadiers, 2 trompettes, 60 chasseurs.

Au total : 4 officiers, 77 hommes ; 9 chevaux d'officiers et 43 de troupe.

Le serment d'obéissance et de fidélité à Sa Majesté fut prêté par les officiers, après quoi l'on procéda à la formation du Conseil d'administration, comprenant :

« réception des hommes destinés à faire partie de la Légion lyon-
« naise.
          « Signé : De Varenne. »
(Arch. départ., *Garde nat. mobilisée*, 1813-1814.)

1 capitaine, président ; 1 lieutenant, 1 maréchal des logis, 1 maréchal des logis faisant fonction de quartier-maître secrétaire [1].

Pour subvenir à l'habillement, à l'équipement du corps franc et de la Légion, qu'il évaluait approximativement à 200.000 francs, le préfet en répartit les frais sur tous les contribuables, considérant que la dépense devait être « supportée par la contribution « personnelle de la ville de Lyon dans les proportions « indiquées dans le tableau ci-dessous :

« Sur le foncier de tout le département, en principal
  et centimes additionnels . . . . fr. 149.879
« Sur le personnel de la ville de Lyon, en principal. 49.320
                                « Total. . . fr. 199.199 »

et, vu l'urgence, arrêta ce qui suit :

« Article premier. — Tout individu imposé au rôle personnel de Lyon pour 1814 payera une fois et demie le montant de sa cote en principal. Ainsi une cote de 5 francs payera 7 fr. 50 ; une cote de 10 francs payera 15 francs, etc.

« Art. II. — Tous les individus du département imposés aux rôles fonciers de 1814 payeront 5 centimes par franc du montant de leur cote en principal

---

[1] Cet escadron eut une existence moins éphémère que celle de la Légion à pied. Il est fort probable qu'il prit part aux opérations dans le groupe de cavalerie commandé par le colonel de Saint-Sulpice.
Nous le trouvons en effet énuméré, à la suite des corps réguliers de cavalerie, sur le registre des fournitures de viande faites à l'Armée de Lyon durant le premier trimestre 1814 (mars).
(Arch. mun., II², *Réquisitions*.)

et centimes additionnels réunis. Ainsi une cote de 5o francs en principal et centimes additionnels payera 2 fr. 5o ; une cote de 100 francs payera 5 francs, ainsi de suite.

« Art. III. — Les cotisations extraordinaires sont payables dans les quatre jours après la publication du présent arrêté.

« Art. IV. — Les percepteurs verseront sans le moindre délai les sommes qu'ils auront touchées entre les mains du Receveur général pour l'arrondissement du chef-lieu et du Receveur particulier pour l'arrondissement de Villefranche.

« Art. V. — Le Receveur général tiendra ces sommes à notre disposition pour le payement des dépenses de la Légion lyonnaise et en fera écritures, conformément aux Instructions de Son Exc. le Ministre du Trésor impérial, sur les fonds versés dans la caisse des Receveurs généraux à la disposition des Préfets.

« Art. VI. — Le présent arrêté sera soumis à l'approbation de M. le Sénateur Chaptal.

« A Lyon, à l'Hôtel de la Préfecture, ce 8 janvier 1814[1]. »

Enfin, pour assurer l'armement de la Légion et de la garde nationale, le maire prit une ordonnance de police enjoignant à toutes les personnes à qui leurs fonctions, leur âge ou leurs infirmités ne permettraient pas de porter les armes dans la garde nationale et à tous les individus quelconques qui n'en feraient pas

---

[1] Ces dépenses pour la Légion lyonnaise se fondirent avec celles du bataillon des gardes nationales du département, la légion ayant été versée à la fin de janvier dans ledit bataillon.

partie, de déposer, dans les vingt-quatre heures suivant la publication de ladite ordonnance, les fusils de calibre ou de chasse qu'ils auraient en leur possession, au bureau de l'état-major de la garde nationale, à l'Hôtel de Ville. M. Rousset, commissaire de police, était commis à cet effet pour recevoir les fusils et en donner récépissé.

*
* *

Le commissaire extraordinaire, suivi docilement par le préfet, était certainement plus fort pour rédiger les affiches et les proclamations que pour assurer une exécution suivie de leur texte. Aussi ne se faisait-il pas faute d'en faire paraître.

Le 13 janvier, un quatrième appel fut fait aux habitants du département du Rhône : il s'agissait cette fois de la levée en masse ordonnée par l'Empereur : « ... L'ennemi menace vos foyers... La colonne qui marche vers vous n'est point nombreuse. Armez-vous et elle fuira plus vite qu'elle n'est venue... »

En conséquence :

« ARTICLE PREMIER. — Tous les habitants du département du Rhône en état de porter les armes formeront un corps de partisans.

« ART. II. — Chaque compagnie de 50 hommes se nommera un chef qu'elle présentera à l'approbation de M. le Maire de la commune. A défaut de désignation, M. le Maire le nommera.

« Le chef nommera le lieutenant, les deux sergents et quatre caporaux.

« ART. III. — Les compagnies de partisans s'armeront de fusils de chasse. M. le Maire les prendra, à cet effet, chez tous les particuliers; il pourra être délivré quelques mousquetons de l'Arsenal de Lyon pour armer ceux qui ne le seront pas. Les compagnies des communes rurales se fourniront de poudre de chasse et de balles pour leurs fusils; il en sera de même dans les villes pour tous les fusils de chasse.

« Art. IV. — Ces compagnies de partisans seront mises sous le commandement en chef du général Musnier. Leur direction provisoire sera ordonnée par le chef de l'état-major de Lyon, à mesure qu'elles seront formées et elles se rendront à la caserne de la Nouvelle-Douane, à Lyon[1]. » Le maire dut procéder à l'appel à domicile de tous les habitants en état de porter les armes et les anciens militaires, retirés dans la 19e division, furent eux-mêmes invités à reprendre du service.

Mais toutes ces tentatives de formations échouèrent piteusement. L'insuccès était à prévoir pour plusieurs raisons.

Chaptal créa tout d'abord un trop grand nombre de corps. Ces créations, faites successivement dans un temps très court, sans qu'aucune ait été complètement réalisée, empiétant ainsi les unes sur les autres, manquèrent de crédit auprès de l'opinion. L'autorité militaire fit des difficultés pour délivrer les armes. Elle n'était d'ailleurs pas bien riche (les soldats de ligne furent munis de mousquetons en attendant d'avoir des fusils) et, comme la bourgeoisie aisée, les fonc-

[1] Arch. mun., H², *Affiches et proclamations*.

tionnaires de la ville, n'accordait pas grande confiance à ces troupes irrégulières.

Une mollesse extraordinaire présida à leur organisation. Il eût fallu que le préfet, très occupé, déléguât pleins pouvoirs à un homme actif, énergique et renseigné. Il eût fallu rechercher et punir sévèrement les déserteurs de la Légion lyonnaise, fuyards honteux qui n'avaient pas même tiré un coup de fusil à l'ennemi; donner quelque cohésion aux hommes en les exerçant et les entraînant. Un corps de partisans n'a de valeur qu'autant qu'il est composé d'un petit nombre de gens connaissant bien le pays alentour, décidés à agir en toute circonstance, à ne pas marchander leur vie et conduits par un homme jouissant d'une réputation et d'une autorité notoires. Chaptal et Bondy se sont-ils imaginés qu'une troupe formée de tous les habitants du département pourrait rendre service? C'est peu probable ou bien alors ils avaient des conceptions militaires très simplistes. Eût-elle même existé, que cette troupe, alourdie par les mauvaises volontés, le manque d'enthousiasme de quelques-uns, les discussions qui n'eussent pas manqué d'éclater, l'absence d'une discipline et de moyens de sévir, était vouée à la pire des fins.

Bien qu'il soit en général très facile de suggérer des solutions après coup, il nous semble que la meilleure était d'utiliser les contingents populaires, les ouvriers qui, à Lyon comme ailleurs, adoraient l'Empereur et se déclaraient prêts à tout lui sacrifier. Il eût fallu ouvrir la garde nationale à ces contingents, former la Légion lyonnaise d'hommes d'élite triés dans chaque compagnie de cette garde, encadrer solidement la nouvelle unité par les officiers retraités, les anciens soldats que l'on avait rappelés et, sans perdre du temps à lui chercher un somptueux uniforme, l'armer avec toutes les armes à feu disponibles[1]. Quant à l'entraînement et l'exercice, ils eussent été de premier ordre. Cette troupe, placée sous le général commandant la division militaire, se fût aguerrie dans les combats d'avant-postes livrés durant la première apparition des Autrichiens et eût formé à l'armée d'Augereau une réserve de qualité bien supérieure à celle des gardes nationaux hétéroclites du général Rémond.

Mais admettre les ouvriers dans la garde nationale, c'était bien dangereux, du moins pour Chaptal, Bondy et la municipalité. Ce commissaire extraordinaire, dont on disait qu'il était fort extraordinaire[2], ces fonctionnaires dont on chansonnait l'inertie et la pusillanimité[3], sentaient bien leur impopularité naissante.

---

[1] Récapitulation des armes et effets restés à l'Hôtel de Ville (Arch. mun., *Etat des armes reçues et délivrées à l'Hôtel de Ville*, II²) du 20 janvier 1814 :

Fusils réparés par Duchamp, armurier . .	228
Fusils du Lycée.	45
Fusils neufs d'infanterie.	574
Total des fusils. . . .	847
Mousquetons pris à l'Arsenal	3.188
Mousquetons du 24ᵉ régiment	268
Total des mousquetons .	3.456
Totalité des armes à feu .	4.303

92 sabres de cavalerie légère.

[2] Henri Houssaye, *1814*.

[3] Voir à ce sujet M. Gonnet, *la Campagne de 1814*. L'auteur a publié un pot pourri historique intitulé : *les Autrichiens près de Lyon*, extrait des Archives municipales (I², *Troubles politiques*, 1814).

Ils avaient peur de ce qu'ils qualifiaient les « agitateurs »; ils craignaient un mouvement populaire qui, en exigeant impérieusement des rappels, des destitutions et leur remplacement par des hommes à la hauteur des circonstances, eût sans doute empêché ce qu'ils souhaitaient : contribuer indirectement à la chute de l'Empire. Aussi bien, la répugnance de Napoléon à armer ceux qu'il considérait faussement comme des gens inquiétants servit-elle à dissimuler la leur.

Cette conduite était inqualifiable. Ceux qui commandent dans une place assiégée n'ont qu'un devoir : conserver cette place à leur pays. Peu importent les moyens.

ARRIVÉE D'AUGEREAU. SES DÉCISIONS.
LES COMBATS AUX PORTES DE LA VILLE.
RETRAITE DES AUTRICHIENS.

La prise de Genève et la reddition de Fort-l'Ecluse (4 janvier) qui commandait la route de Lyon permirent aux Autrichiens de manœuvrer sur les deux rives du Rhône, de s'emparer de Nantua, de toutes les gorges du Bugey et d'entrer à Bourg, non sans avoir éprouvé quelque résistance. Bubna établit son quartier général dans cette dernière ville le 11 janvier, dirigeant une de ses colonnes sur Pont-d'Ain, Chalamont, Meximieux et Montluel, qui furent occupés par échelons. Le préfet porta ces faits à la connaissance des ministres de l'Intérieur et de la Guerre, évaluant la force de la colonne à 1.500 hommes d'infanterie, 800 cavaliers et 2 pièces de canon. Il ajoutait : « Nous
« attendons avec une extrême impatience M. le maré-
« chal Augereau. Les bataillons de garde nationale
« s'organisent : 200 hommes seront prêts à marcher
« demain, mais les habitants voient avec douleur qu'il
« n'y ait presque aucune troupe de ligne pour défendre
« Lyon avec eux. Dans cette position, je crée tout ce
« que je peux de moyens, de concert avec les magistrats
« de la ville qui me secondent bien... Vous pouvez
« compter que je ne sortirai de Lyon que lorsque
« l'ennemi y entrera malgré nos efforts... »

Le général de division Musnier[1] — à qui l'Empereur avait donné le commandement d'une division de campagne formée des troupes des garnisons de la 7ᵉ division militaire, de la 19ᵉ et de quelques autres unités — vint à cette époque prendre le commandement de Lyon. Le 12 janvier, à la tête de la gendarmerie, d'un détachement du 1ᵉʳ hussards et d'un petit corps d'infanterie, composé presque en entier de conscrits, il poussa une reconnaissance jusqu'à Miribel et fit prendre position à sa troupe au château de la Pape, à une lieue de la ville[2]. Mais n'ayant aucune artillerie, ne pouvant établir aucune défense fixe sans être exposé à se faire tourner par Sathonay et la Saône — il lui était impossible de tenir la ligne du Rhône à la Saône faute de troupes suffisantes — il fit retraite le 13. L'avant-garde rentra à Lyon à 4 heures du soir et le gros des troupes à 8 heures[3].

---

[1] Louis-François-Félix Musnier de la Converserie, né à Longueville (Picardie) en 1766. Officier de l'ancien régime, capitaine de cavalerie en 1789, général de division en 1805, comte de l'Empire en 1810, retraité en 1815, mort en 1837.

[2] M. le commandant Perreau *(l'Epopée des Alpes*, déjà citée) dit que Musnier poussa jusqu'à Meximieux. Il doit certainement faire erreur. Le rapport sur les événements militaires de 1814 et Guerre, généralement bien renseignés, nous présentent les Autrichiens comme occupant Meximieux et même comme ayant leurs avant postes à Miribel. Musnier, n'ayant livré aucun combat, ne pouvait dépasser Miribel.

[3] M. J. Perreau prétend que, le 13 janvier, Chaptal envoya sur la route de Bourgogne un détachement de 500 hommes de garde nationale active, commandé par le lieutenant-colonel Peillon, avec ordre d'y occuper une bonne position défensive. Là encore il doit faire erreur car nulle part nous ne trouvons trace de cet envoi. Nous ferons également remarquer que *la garde nationale active* ne pouvait à cette date comprendre un tel effectif (voir plus haut ce

Dans la ville régnait le désarroi le plus complet. Le général Musnier se plaignait au préfet que les maires des communes n'eussent point adressé aux intéressés les avis à domicile prescrits par le sénateur pour la formation d'un corps franc d'anciens militaires et, qu'à l'Hôtel de Ville, on renvoyât ceux-ci en leur disant qu'on n'avait point d'ordres pour les inscrire. Le préfet, de son côté, rendait compte à Chaptal que, sur les 2.400 hommes à fournir par le département pour la levée des 300.000, il n'était parvenu jusqu'à ce jour à mettre en route que 700 à 800 hommes. Le nombre des absents et des retardataires était considérable.

Le maire, comte d'Albon, devant le mauvais vouloir apporté par les citoyens dans l'exécution du service de la garde nationale, était obligé de prendre l'arrêté suivant :

« Le maire de la ville de Lyon, considérant que la
« garde nationale a principalement été instituée pour
« assurer le maintien de la tranquillité et de la sûreté
« publique ;

« Considérant qu'on ne peut espérer d'atteindre ce
« but important qu'en maintenant une discipline
« sévère, une exactitude constante et une subordi-
« nation parfaite dans toutes les parties du service ;

« Considérant d'ailleurs qu'il est de principe que
« le service de la garde nationale est essentiellement
« obligatoire pour tous les citoyens qui la composent,

---

qui a rapport à la Légion lyonnaise). Cette garde n'est d'ailleurs jamais parvenue, jusqu'à la chute de Lyon, à mettre 500 hommes sur pied.

« Ordonne :

« Article premier. — Tout citoyen porté sur le contrôle de l'une des compagnies de la garde nationale de cette ville ne peut, sous aucun prétexte, se dispenser de répondre à l'appel qui lui sera fait de monter la garde à tour de rôle.

« Art. II. — Tout citoyen faisant partie de la garde nationale qui, nonobstant l'injonction que nous lui faisons par le présent arrêté, se dispenserait sans motifs jugés légitimes par l'état-major de faire le service pour lequel il aurait été commandé, sera, à la diligence et par ordre de M. le Colonel commandant, puni suivant ce qui est prescrit par les lois et règlements militaires relatifs à la garde nationale et notamment par l'article XLII de la loi du 3 août 1791.

« Art. III. — Nous rappelons aux citoyens que le seul moyen d'assurer la tranquillité de tous est que le service de la garde nationale soit fait avec zèle et exactitude[1]. »

Enfin, l'approche de l'ennemi, *qu'on disait* fort de 12.000 à 15.000 hommes et 28 bouches à feu, affolait tous les esprits et surtout les autorités.

Chaptal retrancha sa peur derrière les instructions ministérielles aux commissaires extraordinaires, où il était dit en substance : si l'ennemi envahit quelques parties du territoire de la division, il ne faut lui laisser qu'une terre sans habitants et habitations[2]. Devant des instructions si impérieuses et si précises, dans un

---

[1] H³, *Garde nat.*, *Affiches*, 1814-1819. *Service de la garde nat.* (Arch. mun.).

[2] Voir dans Guerre déjà cité, p. 34, ces instructions.

moment où l'ennemi était aux portes d'une ville sans défense, il n'y avait pas à hésiter! Ordre fut précipitamment donné d'évacuer (13 janvier).

Mais bientôt on reçut des nouvelles plus rassurantes sur les projets et les moyens de l'ennemi. Remis d'une si chaude alerte, Chaptal donna contre-ordre et une partie des objets évacués rentrèrent dans la ville.

*
* *

La formation de l'Armée de Lyon avait été ordonnée par décret impérial du 5 janvier et le maréchal Augereau, duc de Castiglione, disponible, en avait reçu le commandement. Le maréchal, muni des ordres de Clarke et de Berthier, quitta Paris et suivit la route du Bourbonnais pour gagner Lyon. Des bruits tendancieux sur la prise de la ville lui furent rapportés. Il eut des hésitations, puis douta. Arrivé le 14 janvier, à 11 heures du soir, il convoqua aussitôt chez lui le général Musnier, commandant la division active, et le colonel de Saint-Sulpice, du 4° régiment des gardes d'honneur, pour prendre connaissance de l'état et des forces de la place. En apprenant qu'il n'y avait point de vieilles troupes, point de canons, point de munitions et autres moyens de défense, en constatant qu'il avait été abusé par l'état de situation, à lui remis, et que son armée était tout entière à organiser, il entra dans une violente colère.

Le lendemain matin, le maréchal fit mander Chaptal, Bondy, d'Albon et Musnier pour tenir conseil. Les Lyonnais se défendront, dirent ceux-ci, feront les mêmes efforts qu'en 1793, si quelques chances de salut peuvent se mêler à leur résistance[1]. Les magistrats de la ville durent certainement montrer que ces clauses n'étaient pas bien grandes. En tous cas, on décida que le général Musnier se maintiendrait en avant de Lyon, disputant le terrain pied à pied[2] et, au cas où la ville ne pourrait être défendue, se retirerait dans le Forez et l'Auvergne pour protéger Saint-Etienne et sa manufacture d'armes. Tout ce qui restait de caisses publiques, de militaires malades, de prisonniers de guerre ou d'état[3] serait évacué. Pendant ce temps, Chaptal irait à Clermont presser la formation, l'envoi des bataillons de garde nationale et Augereau irait à Valence pour y recueillir tous les dépôts du Midi et se mettre en communication avec les généraux Marchand et Dessaix qui commandaient dans les départements de l'Isère et du Mont-Blanc.

Ainsi fut fait. Augereau et Chaptal partirent le samedi 15, à 10 heures du soir.

Le départ d'Augereau se justifiait. Les quelques troupes actuellement dans la ville pouvaient opérer sans inconvénient sous le commandement d'un général de division. La présence du maréchal était, au contraire, très utile dans le Midi pour stimuler le zèle des commandants de dépôts militaires. Augereau pouvait se rendre compte par lui-même des ressources dispo-

[1] Guerre, *ouv. cité.*
[2] Le général avait envoyé, le 14 au matin, un détachement d'environ 100 hommes et quelques gendarmes reprendre position à la Pape et y rester en observation.
[3] Ces prisonniers d'Etat en grand nombre avaient été déjà transférés de Pierre-Châtel à Lyon.

nibles dans les garnisons, faire part à Dessaix et Marchand des intentions de l'Empereur et se concerter avec eux pour un plan commun d'opérations.

Les résolutions du duc de Castiglione, dans l'ensemble, étaient bonnes, sauf celles concernant l'évacuation. Aucune autre ville que Lyon ne pouvait être meilleure base d'opérations pour son armée. Par conséquent, il fallait essayer de la conserver et, pour cela, exciter les soldats et les habitants, bientôt renforcés d'autres troupes, à la défendre sérieusement. L'évacuation devait avoir un effet moral déplorable. Qu'on la préparât afin de l'exécuter rapidement si l'ennemi semblait trop mordant, rien de mieux. Mais, pour l'instant, aucun coup de canon n'avait été tiré contre la ville et rien ne la justifiait.

Quant à Chaptal, son départ pour Clermont fut ridiculisé et... bien accueilli par la population : on était débarrassé d'un incapable[1].

Le général Musnier avait reçu l'ordre formel de

---

[1] Voir dans M. Gonnet (déjà cité) le pot pourri historique :
>..... *Un citadin* (bonhomme).
> « L'avez-vous vu le sénateur?
> « Il a quitté la ville...
> *Un autre.*
> « Il l'a quittée, ah! quel malheur!
> « C'était un homme utile...
> *Un mauvais plaisant.*
> « Ah! ce cher comte était l'espoir
> « Autant du pauvre que du riche,
> « Dans un danger il eût fait voir...
> « Quelque nouvelle affiche... »

s'établir en avant de Saint-Clair et de ne céder le terrain qu'après avoir fait toute la résistance possible. Dans ce dernier cas, il devait se rallier à Vaise et, si là encore il ne pouvait se maintenir, reculer sur le Forez, pays montagneux et facile à défendre.

Passant sur cet ordre, on ne sait trop pourquoi — peut-être bien parce qu'il était un officier peureux et hésitant — le général prit la résolution d'abandonner la ville et, le 16, s'établit à Grange-Blanche, plaçant ainsi Lyon entre lui et l'ennemi. Le quartier général, les généraux, les administrations militaires, la gendarmerie, suivirent le mouvement. En même temps, il donnait l'ordre d'embarquer immédiatement pour les faire descendre sur le Rhône, jusqu'à Valence, les militaires malades (plus de 600), les prisonniers de guerre et d'état, 2 canons, 2 obusiers, la totalité des poudres et salpêtres, les cartouches fabriquées, les effets militaires, les dépôts de régiments, en un mot, tout ce qui tient à l'Administration de la guerre. Pour ne pas être en reste, le préfet donna le même ordre pour les Administrations civiles et financières, des droits réunis, de l'enregistrement, du timbre et des hypothèques. Le receveur général, les receveurs particuliers, les douanes, la loterie, la Monnaie, partirent, emmenant sur les bateaux et voitures réquisitionnés par la mairie, leurs effets, registres et comptabilité. Bondy lui-même allait suivre le mouvement, ainsi qu'en témoignent ses lettres aux ministres de l'Intérieur et de la Police générale :

« La situation de la ville est très fâcheuse, attendu
« que les troupes de ligne et la garde nationale ne

« peuvent résister à l'ennemi au point de l'empêcher
« d'entrer dans la ville...

« Les Administrations s'apprêtent à évacuer. Je ne
« quitterai mon poste qu'à la dernière extrémité et je
« me rendrai à Saint-Symphorien, route de Lyon à
« Montbrison. Là, je continuerai d'administrer le
« département jusqu'au moment où l'ennemi pénétre-
« rait sur ce point. Dans ce cas, je me retirerai à
« Montbrison. » — « M. le général Musnier étant forcé
« d'évacuer la ville cette après-dînée pour aller
« prendre une autre position militaire, je sortirai avec
« la troupe et me rendrai à Tarare pour y continuer,
« aussi longtemps qu'il me sera possible, l'administra-
« tion du territoire non envahi du département du
« Rhône. Les Administrations se retirent[1]... » — Le
16, il écrivait au maire, comte d'Albon, pour le prévenir que forcé de quitter Lyon, menacé par l'ennemi,
il se rendait à Saint-Symphorien-sur-Coise : « Je
« compte sur vous, Monsieur, pour maintenir de tout
« votre pouvoir l'ordre et la tranquillité dans la ville
« pendant le séjour qu'y fera l'ennemi et pour entre-
« tenir les habitants de Lyon dans leurs sentiments de
« fidélité et d'attachement à l'Empereur[2]. »

Le maire restait donc seul à Lyon. Il pourvut aux
besoins des troupes en dirigeant sur Vaise et Grange-
Blanche des bœufs sur pied, des rations de pain, de
fromage et d'eau-de-vie, des souliers, capotes, bidons,
marmites, armes et tout ce qu'il put se procurer. Pour

---

[1] Arch. départ., Invasion, 1814-1815 : *Rapports du préfet du Rhône aux ministres.*
[2] Arch. départ., Invasion : *Autorité militaire. Divers.*

assurer l'ordre dans la ville, il fit appel à la garde nationale. Celle-ci, armée de fusils depuis le 13 seulement, organisa un service actif et multiplia les postes sur tous les points. La population encombrait les places publiques, formait des groupes que « des émissaires, « des instigateurs poussaient au désordre et à la « révolte ». Un incident d'importance minime la surexcita[1].

Les Autrichiens s'étaient approchés de Lyon avec une lenteur et une prudence extrêmes, bien que n'ayant rencontré aucune résistance. Le 17, un de leurs officiers se présenta à la porte Saint-Clair, où était un poste de cohortes urbaines, demandant à parler au général. On le conduisit à l'Hôtel de Ville, d'où il fut renvoyé, accompagné par deux officiers de la garde de la ville, au quartier général de Musnier, établi au faubourg de Vaise. Arrivé aux avant-postes, cet officier, qui jusque-là s'était dit parlementaire, remit une lettre et fut reconduit hors des postes. Cette

---

[1] Cet incident du parlementaire a été très controversé. Guerre, Mazade d'Avèze (*Entrée à Lyon de l'armée autrichienne, le 21 mars 1814*), de Beauchamps, M. Gonnet l'affirment véritable. M. le comte de Tournon (*Notes sur l'invasion du Lyonnais en 1814*) hésite en déclarant que Du Casse (*Précis historique des opérations de l'armée de Lyon en 1814*) le tient pour faux.

Pour nous, cet incident a réellement eu lieu, car nous avons trouvé aux Archives départementales un brouillon de lettre rendant compte aux ministres de l'Intérieur et de la Police des diverses phases de l'incident. Ce brouillon n'est pas écrit de la main du préfet. Il est probable que celui-ci qui, le 17, était absent de Lyon — nous ne voyons pas en effet le comte de Bondy intervenir dans la défense mais, bien au contraire, Musnier correspondre directement avec le maire — a dû en prendre connaissance et peut-être même le recopier pour l'adresser aux ministres et à Chaptal.

lettre, ouverte par Musnier, s'adressait au préfet de l'Ain et était un compte rendu des événements survenus à Bourg depuis l'entrée de l'ennemi. Rédigé par un conseiller de préfecture, il était accompagné d'un arrêté qui chargeait ce fonctionnaire de remplacer provisoirement le préfet et de la déclaration faite par ce conseiller de n'administrer qu'au nom de Sa Majesté l'empereur Napoléon [1].

Ces papiers n'étaient donc qu'un prétexte. Peut-être Bubna, mal renseigné, hésitant, étonné de ne point trouver de troupes en avant de Lyon, envoya-t-il lui-même cet officier avec mission d'essayer de s'introduire dans la ville et d'en déterminer l'esprit et les forces? On admet difficilement l'idée d'un parlementaire ayant pleins pouvoirs pour entrer en négociations, se troublant devant quelques cris hostiles poussés par la population [2]. Disons plutôt que l'officier autrichien avait atteint son but en se promenant à travers la ville, et qu'en vue du quartier général il se ménagea une retraite habile en dupant les deux officiers de la garde nationale qui l'accompagnaient et qui le laissèrent aller sans le conduire auprès du général, plus capable de reconnaître ses desseins : « On a été généralement « indigné de cette audace — disait Bondy à Chaptal — « et les habitants se sont prononcés fortement pour « une défense capable d'empêcher 1.500 à 2.000 par-

[1] Lettre du préfet au ministre. Bondy ajoute : « J'aurai l'honneur « de vous adresser demain ces deux derniers qui sont entre les mains « du général, le premier ayant été adressé de suite au préfet de « l'Ain. »

[2] Quelques cris furent poussés par la foule au passage de l'officier : « A bas! A l'eau! En Saône!... »

« tisans affamés d'entrer dans la ville et de la ran-
« çonner. Une partie de la garde nationale a demandé
« à marcher contre eux. Les paysans de Caluire se
« sont armés et montrent la plus grande énergie. »

Le général Musnier, devant les protestations générales suscitées par son départ, cédant aux demandes de la municipalité, renvoya quelques soldats à Lyon. Cent hommes prirent position à la porte Saint-Clair et 25 à celle de Serin. Durant la nuit du 17 au 18, des coupures furent établies sur la route, en avant de Saint-Clair et sur les points les plus accessibles, reliant le Rhône aux escarpements de Montessui. Dans la journée du 18, les Autrichiens se mirent enfin en mouvement de Miribel sur la Pape. Une première colonne poussa sur le faubourg de la Croix-Rousse, défendu par un certain nombre d'habitants, l'enleva et menaça la porte centrale de ce nom. Une deuxième colonne de 600 fantassins et 200 cavaliers prit Saint-Clair comme objectif. Les fantassins de Musnier, soutenus par quelques habitants et dissimulés derrière la terre des coupures que l'on avait rejetée pour former parapet tinrent bon. Mais ils furent soudain assaillis par derrière, du côté des balmes de Montessui : c'étaient les ennemis conduits par des ouvriers allemands habitant Lyon. Il fallut évacuer deux coupures sur trois et reculer jusqu'à la barrière Saint-Clair[1]. Mais, dans la nuit, les Autrichiens ayant abandonné le faubourg, celui-ci fut réoccupé par les Français.

---

[1] J. Perreau, *cité*.

La Croix-Rousse restait dans une situation critique. Si la porte était enlevée, les Autrichiens pouvaient pénétrer très facilement en ville par la côte Saint-Sébastien. Le maire écrivit au général Musnier pour lui représenter que les détachements envoyés étaient insuffisants et pour lui dire qu'à son avis le seul moyen à employer serait de porter toutes les forces dont il pouvait disposer sur le plateau de la Croix-Rousse. Le général répondit que les forces disponibles en infanterie qui lui restaient n'excédaient pas 700 hommes :
« Ces jeunes soldats succomberaient infailliblement et
« cette poignée ne pourrait jamais se retirer, ayant à
« traverser une ville immense. Je n'aurais cependant
« pas hésité à m'y porter à leur tête *si j'avais pu déter-*
« *miner la garde nationale à s'y joindre et à com-*
« *battre pour la défense de Lyon, seul moyen de*
« *sauver cette ville.*

« *Tous mes efforts et les vôtres pour l'y déterminer*
« *ayant été infructueux*, je cède aux représentations
« que la municipalité m'a adressées cette nuit par une
« députation pour me prier de considérer que la résis-
« tance des troupes étant insuffisante pour défendre la
« ville, elle ne ferait que la livrer à tous les malheurs
« inséparables d'une entrée de vive force, et en consé-
« quence, j'ordonne aux détachements que j'y ai de
« se retirer... »

Voilà tout ce que le général Musnier savait faire devant l'ennemi : se retirer !... Il ne devait pourtant pas ignorer que le maréchal Augereau faisait diligence, qu'il avait mis en route de Valence 1.000 hommes d'infanterie, quelque cavalerie et une ou deux pièces de canon, dont l'arrivée était signalée et qu'il annonçait pareil envoi pour le 21. Son devoir était de faire l'impossible pour tenir jusque-là et non pas, suivant sa détestable habitude, de tirer des conclusions pessimistes avant d'avoir rien essayé. Si la garde nationale, mal recrutée, refusait d'aller au feu, la population n'avait pas les mêmes intentions. Musnier pouvait l'entraîner par sa présence, l'enthousiasmer par quelques paroles bien placées et l'utiliser à soutenir ses conscrits pendant la journée du 19.

Ce jour-là, en effet, un attroupement se porta à l'Hôtel de Ville, demandant à grands cris que la ville fût mise en état de défense, que des armes fussent distribuées à tous les citoyens, et que la population tout entière se portât aux avant-postes[1]. Tout ce qu'il y avait d'officiers municipaux à l'Hôtel de Ville se présenta au-devant de cette réunion tumultueuse et la reçut dans les bureaux de la police. MM. de Laurencin et Sainneville la haranguèrent et « n'eurent point de « peine à lui faire sentir l'inconvenance de sa démarche ». Devant de si beaux discours, l'attroupement se dissipa. Mais ceux qui ne se tenaient pas pour satisfaits, « une faction obscure qui voulait à tout prix compro- « mettre la ville dans les événements de la guerre », continuèrent à s'agiter, à dénigrer les magistrats, à « semer la défiance et la discorde ».

Le maire alors convoqua les officiers, sous-officiers de la garde nationale et tous les citoyens qu'on supposait avoir quelque influence sur le peuple. Sainneville,

---

[1] Guerre, *ouv. cité*.

suppléant le maire empêché, ne cacha guère, devant cette assemblée bourgeoise toute prête à le croire, ses idées et celles de la municipalité. Il signala avec véhémence les fautes du Gouvernement qui avait jeté l'Etat dans une position si critique, les vues perfides des séditieux qui cherchaient à perdre la ville. Puis, abordant la demande « *indiscrète* » de s'armer, de se lever en masse, il fit sentir que les armes, dont on manquait d'ailleurs, ne pouvaient être distribuées qu'avec un certain choix ; que la défense de Lyon était à Paris et dans la Grande Armée et, qu'après tout, des registres étaient ouverts à la Mairie et au quartier général pour les enrôlements. Il conseilla cyniquement d'attendre l'issue politique de la grande lutte engagée, sans que rien « pût en aucun cas empêcher ni retarder « la catastrophe quelconque qui se préparait ailleurs... ». Les hommes « honnêtes » furent touchés par ces paroles et accordèrent pleine confiance aux magistrats. Les autres « peu nombreux » gardèrent le silence.

Le 19, le combat traîna. Vers 4 heures du soir, un officier de hussards de Lichtenstein se présenta porteur d'une lettre pour le maire de Lyon. Le commandant de la grand'garde envoya la lettre à Musnier qui, après l'avoir lue, la fit rendre à Bubna en priant celui-ci de s'adresser désormais à lui et non aux autorités civiles[1]. A 6 heures et demie arrivèrent de Valence deux batail-

---

[1] Tournon, *Notes sur l'Invasion du Lyonnais en 1814*, d'après le précis de Du Casse. Nous n'avons pu savoir ce que contenait cette lettre, très probablement une sommation. Guerre (déjà cité) dit en effet que Bubna, sachant Musnier en position hors de la ville, le fit sommer de rendre la place.

lons d'infanterie (700 hommes). La population se porta à leur rencontre et les accueillit aux cris de : « Vive l'Empereur! Vivent les Français! Vivent les « braves troupes!... » Les maisons furent illuminées sur leur passage et tous les courages se relevèrent[1]. Musnier les dirigea aussitôt sur la Croix-Rousse.

Brusquement, ce même soir, l'ennemi recula sur Caluire et le hameau du Vernay. Le lendemain, il resta en position au château de la Pape, puis évacua Miribel et Montluel, harcelé par les habitants énergiques de Caluire. Le général Musnier poussa de fortes reconnaissances entre la Croix-Rousse et Cuire, puis réoccupa Miribel. Bubna, ayant reporté son quartier général à Pont-d'Ain, laissa de la cavalerie et un bataillon en observation à Meximieux.

Cette retraite soudaine de Bubna s'explique difficilement. Le général autrichien ne pouvait avoir partie plus belle. Le commissaire, le préfet étaient en fuite ; le général français et ses troupes avaient évacué la ville ; enfin le maire avait réussi à faire admettre l'idée de l'occupation autrichienne à une partie de la population. Bubna n'avait qu'à pousser vigoureusement l'attaque de la porte de la Croix-Rousse, l'enlever, pour voir les troupes françaises lâcher pied à Saint-Clair et à Serin, et Musnier être coupé d'Augereau. Mais Bubna certainement n'était pas audacieux.

Eût-il un peu agi avec décision, il avait toutes facilités jusqu'au 16 janvier pour enlever Lyon. Il était

---

[1] Lettre de Bondy aux ministres de l'Intérieur et de la Police générale, 20 janvier (Arch. départ., rapports du préfet).

maître de la route de Genève depuis le 4 (reddition de Fort-l'Ecluse) et de Bourg depuis le 11; rien ne s'opposait à sa marche, et la capacité de résistance de Lyon était nulle. Les résultats eussent été incalculables. Le Midi se trouvait isolé, les Alpes prises à revers. Le prince Eugène, qui opérait en Italie, était coupé de France, et l'Armée de Lyon ne pouvait se réunir, tout au moins aussi nombreuse. Les Alliés avaient liberté de communications, tranquillité sur leur flanc gauche : Schwarzenberg était délivré de son cauchemar : « Les formations nouvelles seraient en grande
« partie rendues impossibles, les troupes d'Espagne et
« d'Italie devaient forcément arriver trop tard, si l'on
« poursuivait sans cesse les débris de l'armée française,
« si on l'obligeait à accepter une bataille suprême, si
« par une poursuite incessante on empêchait sa réor-
« ganisation... Nous disons que ce n'était pas déroger
« aux règles habituelles *ni s'élever au-dessus d'elles,*
« *mais bien s'y conformer* que de marcher sans cesse
« en avant[1]... » Les Alliés s'attendaient à voir l'énergie de Napoléon et l'organisation militaire en France produire des résultats surprenants. Ils avaient intérêt à précipiter les événements pour paralyser les troupes en cours de formation ou de rassemblement. Le temps était pour eux d'une importance capitale.

Cependant, on considère à la décharge de Bubna deux faits :

1° Les Alliés — ainsi que le signale le commandant Perreau — après le passage du Rhin et jusqu'à la jonc-

---

[1] Clausewitz, *la Campagne de 1813 et la Campagne de 1814.*

tion de leurs avant-gardes, firent des étapes journalières, dont la moyenne n'excéda pas 13 kilomètres pour l'armée de Silésie et 8 pour l'armée de Bohême. Si l'on remarque que Schwarzenberg était le supérieur direct de Bubna, peut-on exiger de l'audace chez le subalterne quand le maître est lui-même si timide ?

2° Sa division légère avait un effectif de 6.000 hommes environ, et il avait dû laisser derrière lui des postes et des garnisons pour assurer ses communications. Une hésitation lui était permise devant l'attaque et l'occupation d'une ville de 100.000 habitants avec seulement 3 à 4.000 hommes[1].

Nous n'insisterons pas sur le premier point. Nous avons vu que Bubna, malgré sa lenteur, pouvait entrer à Lyon. Quant à l'hésitation, elle pouvait disparaître. Le général autrichien ne comptait pas, paraît-il, rencontrer de résistance[2]. C'était une raison de plus pour lui d'attaquer vivement, avec toutes ses forces et sa nombreuse artillerie, afin de produire un gros effet moral sur les habitants et de fixer les limites de cette résistance.

Il nous sera permis de dire que le général manqua de

---

[1] Dans la correspondance (Arch. départ.) nous trouvons une lettre qui donne les renseignements suivants : le 21, le grand parc d'artillerie de 28 pièces et 1.800 hommes avaient quitté Meximieux pour Pont-d'Ain. Le lendemain, deux bataillons d'infanterie et un escadron de cavalerie avaient pris la même route avec Bubna et, le 23, il ne restait plus à Meximieux que 800 hommes, 2 obusiers et 4 canons. Ce qui correspond à peu près à l'effectif de 3 à 4.000 hommes.

[2] C'est du moins ce qu'il avait dit dans un entretien avec M. de Beaumont, auditeur au Conseil d'Etat, qui rentrait de Suisse (Arch. mun., H², *Interrogatoires sur les mouvements de l'ennemi*).

doigté s'il se laissa vraiment abuser par l'accueil fait à son parlementaire et par la défense vaudevillesque des portes de la Croix-Rousse et de Saint-Clair.

Pour occuper sérieusement Lyon et s'assurer contre un retour offensif bien problématique d'Augereau, Bubna pouvait demander 10 ou 20.000 hommes de renfort. Schwarzenberg qui, plus tard, devait le faire soutenir par 50.000, n'eût pas hésité à les lui donner. Ainsi le but qu'il poursuivait eût été atteint deux mois plus tôt.

II

LA FORMATION DE L'ARMÉE DE LYON

LES RÉQUISITIONS. LES DIVERS CONTINGENTS

Durant les combats aux portes de Lyon, Augereau s'occupait de rassembler les éléments de son armée. A Valence, le maréchal avait trouvé 6 compagnies du 16ᵉ et du 145ᵉ de ligne, formant en tout 700 hommes de nouvelles levées. Il avait aussitôt expédié cette petite troupe (ainsi qu'une pièce de 4, un caisson, montés sur affût et train étrangers) qui arriva à Lyon le 19 janvier dans la soirée et put prendre part à la défense de la ville. Tout ce que renfermait le dépôt d'artillerie de Valence, même en hommes non habillés, fut mis en route[1]. A l'Arsenal on trouva 2 pièces de campagne, 2 caissons, 1 obusier. L'obusier et une pièce, prêts le 19, partirent pour Lyon. Des détachements, parmi lesquels 400 hommes du 32ᵉ léger et 95 hussards du 1ᵉʳ régiment, destinés à l'Armée d'Italie, furent détournés de leur route et envoyés à

[1] Guerre.

Lyon en poste [1]. Enfin les poudres qui, dans la panique du 16 janvier, avaient été évacuées jusqu'à Valence, Saint-Vallier et même Avignon, furent réexpédiées en toute diligence.

A Vienne, le maréchal se renforça de 90 chevaux des 4e et 31e chasseurs — dont les dépôts étaient en cette ville — et de 2 compagnies de gardes-chasses spontanément levées [2]. Il rentra à Lyon avec ce noyau d'armée, au milieu de l'allégresse générale.

Le 20 janvier, le maire avait annoncé son retour aux « braves Lyonnais » : « L'Enfant de la Victoire, le maréchal Augereau arrive et vient commander l'Armée de Lyon... » Le maréchal lui-même leur adressa, le 22, un appel aux armes [3] : « Aux armes donc, braves Lyonnais ! Ralliez-vous autour de moi ; marchons en avant et ne laissons à l'armée qui accourt pour nous défendre que le soin de poursuivre jusqu'aux frontières l'ennemi que vous aurez déjà mis en fuite... »

Continuant l'organisation commencée, le maréchal et le commissaire ordonnateur Bourdon adressèrent au préfet, revenu à Lyon [4], des réquisitions pour les vêtements, les vivres, fourrages et hôpitaux.

---

[1] La poste consistait en charrettes de réquisition conduites par les paysans, échelonnées sur les routes en relais. Ce mode de transport était relativement rapide.

[2] Guerre.

[3] *Affiches et proclamations* (Arch. mun.).

[4] Nous ne saurions préciser la date du retour de Bondy, des lettres et rapports étant écrits par lui aux dates des 18 et 20 janvier. Cependant le préfet ne devait pas être à Lyon le 18, pour les raisons que nous avons déjà indiquées (voir plus haut, p. 23, note 3). Sans doute est-il revenu le 19 ou le 20.

Six mille shakos, 10.000 capotes, 10.000 pantalons de tricot, 10.000 paires de souliers cloués furent commandés avec prière d'apporter la plus grande célérité dans leur confection [1]. Un magasin fut établi, pour les recevoir, à la Commanderie de Saint-Georges, sous la garde d'un citoyen nommé par la municipalité (M. Lambert, capitaine retraité).

Le 21 janvier, les réquisitions, en vivres, suivantes furent faites [2] :

Farine (3/4 froment, 1/4 seigle, blutée, à 15 o/o d'extraction)	555 q. m. 50 kg.
Riz.	30 q. m.
Légumes secs	60 q. m.

[1] Réquisitions d'effets d'équipement pour l'Armée de Lyon (Arch. mun., *Réquisitions*).

[2] Un ordre du jour interdit toutes réquisitions en nature ou en argent à moins qu'elles ne fussent faites par l'ordonnateur de l'armée et par l'intermédiaire des autorités civiles.

Voici, à titre documentaire, un exemple de réquisition :

DÉPARTEMENT DU RHONE

MAIRIE DE LA VILLE DE LYON   ARRONDISSEMENT DE LYON

« Nous, Maire de la Ville de Lyon,

« Vu la réquisition de M. le Commissaire ordonnateur de l'Armée de Lyon, en date du...

« Mandons au sieur X..., négociant, quai de..., le requérons et lui enjoignons au besoin de fournir, livrer et transporter, pour le service de l'armée, dans les magasins du sieur X..., directeur des vivres de l'armée, situés à la caserne de Serin, la quantité de... de...

« Cette livraison sera faite par lui dans la journée de... et le prix lui en sera payé à raison de... en par lui rapportant le récipissé qui lui en aura été délivré par M..., commissaire nommé à cet effet par arrêté de M. le Préfet, en date du...

« Le présent sera notifié au sieur X..., par M..., commissaire de police, qui en rédigera et nous remettra procès-verbal.

« Fait à l'Hôtel de Ville; Lyon, le... 1814.

« Le Maire de la Ville de Lyon : « D'ALBON. »

Sel	16 q. m. 80 kg.
Bœufs, du poids de 2 quintaux 50 kilogrammes (viande distribuable).	100 bœufs
Eau-de-vie	6.250 litres
Vin	25.000 —
Avoine	7.200 décalitres
Foin	600 q. m.
Bois	660 stères

(Dans le cas où il serait difficile de se procurer du bois, il devrait y être suppléé par le charbon de terre. La quantité de ce dernier à fournir serait de 1.000 quintaux.)

Enfin, le même jour, le maire invitait les dames de Lyon à faire remettre entre les mains des curés de leurs paroisses tout le linge et la charpie dont elles pourraient disposer, pour le service des ambulances qui allaient être établies.

Toutes les denrées et objets ci-dessus devraient — aux termes du décret de Sa Majesté, du 15 décembre — être versés, savoir :

Les vivres et les liquides entre les mains de l'agent des vivres ;

Les fourrages, entre celles du comptable de cette partie ;

Le chauffage, de même ;

Les linges et la charpie, entre les mains du directeur des hôpitaux.

Un ordre du jour fixa les rations et la façon dont seraient faites les distributions[1] :

« A dater du 25 courant, les troupes composant
« l'Armée de Lyon recevront le pain à raison de
« 24 onces par ration, pour quatre jours ;

---

[1] *Armée de Lyon. Ordres du jour* (Arch. mun., *Réquisitions*).

« Le riz, à raison d'une once par ration, pour quatre
« jours; si l'on donne des légumes secs en remplace-
« ment, la ration sera de 2 onces;

« Le sel, à raison d'une livre pour 30 hommes, pour
« dix jours;

« Le vin, à raison d'un quart de litre par ration,
« sera distribué à Lyon les dimanche, mardi, jeudi et
« vendredi;

« L'eau-de-vie, à raison d'un seizième de litre par
« homme les lundi, mercredi et samedi;

« Toutes ces distributions auront lieu à la Manu-
« tention, caserne Serin...

« La viande, à raison d'une demi-livre par homme
« (2 hectogr. 1/2) se donnera pour deux jours à la
« boucherie des Terreaux...

« Jusqu'à l'arrivée des Commissaires des guerres
« de l'Armée, les bons seront visés par M. le Com-
« missaire des guerres Chaignet, demeurant place
« Napoléon, n° 29. Ces bons ne seront visés que depuis
« 8 heures du matin jusqu'à midi, etc...

« Les corvées, en allant aux vivres ou fourrages,
« seront toujours accompagnées d'un officier qui, en
« arrivant, placera un factionnaire à la porte du ma-
« gasin, avec ordre de n'y laisser entrer que le chargé
« du détail et le fourrier de la compagnie que l'on
« servira.

« L'officier sera chargé de maintenir l'ordre et la
« tranquillité pendant la distribution et de veiller à ce
« qu'elle se fasse avec régularité... »

Le préfet, pour faire face à toutes ces réquisitions,
pria instamment le sénateur Chaptal de demander des

fonds. Il fit verser dans la caisse du trésorier de la ville tout l'argent qui pouvait être encore entre les mains des percepteurs et s'en servit pour payer une partie des fournitures. Mais il ne put pourvoir à tout, le recouvrement des contributions ayant cessé en partie dans le département et surtout à Lyon par suite du délaissement de tous les services. Le 2 février, il écrivait à Montalivet : « Je saisis cette occasion de
« faire savoir à Votre Excellence que dans ce moment
« la ville de Lyon pourvoit presque entièrement à elle
« seule aux besoins de tous genres des troupes qui
« forment le noyau de l'Armée de Lyon. M. le maréchal
« Augereau m'a adressé des réquisitions pour les
« comestibles, combustibles, habillements, harna-
« chements, calculés pour 10.000 hommes; et de plus
« une demande de 100.000 francs à verser dans la
« caisse du payeur pour faire face aux dépenses les
« plus urgentes de la guerre. J'ai fait peser une partie
« de ces réquisitions sur les communes rurales les
« plus aisées, aux environs de la ville; mais la plus
« forte portion est à la charge du chef-lieu. Lyon paie
« donc en ce moment une dette immense à l'Etat...

« J'ose vous prier, Monseigneur, de ne point laisser
« ignorer à l'Empereur ce que le département du
« Rhône fait pour la chose publique et le souverain. »

Augereau, sur les instances du préfet, de l'Administration municipale et des commerçants, accorda, de concert avec Chaptal, le libre transit des marchandises dans les pays occupés par l'ennemi[1]. Alors le

[1] Guerre, ouv. cité.

numéraire reparut, les contributions et les réquisitions s'acquittèrent. Un des aides de camp du maréchal se rendit auprès du Gouvernement pour faire un tableau « énergique et fidèle » de la situation, pour demander de l'argent, un noyau de vieilles troupes, des vêtements, de l'artillerie, des fusils et surtout des cartouches.

*
* *

Napoléon avait indiqué par aperçu au major général les contingents qui devaient concourir à la formation de l'Armée de Lyon[1] : 18 bataillons de la réserve de Genève; 10 ou 12 bataillons « qu'il paraîtrait néces-« saire de créer afin qu'ils puissent contenir les « 20.000 conscrits prélevés des 300.000 et que S. M. a donnés à ce corps »; 5 ou 6 bataillons qui étaient destinés à l'Armée d'Italie ou à la Grande Armée; 10 ou 12 bataillons de la division de réserve de Nîmes, soit au total une quarantaine de bataillons auxquels se joindraient 15 ou 20 bataillons de gardes nationaux destinés à l'Armée de Lyon par le décret du 6 janvier; 8 ou 9.000 hommes et les deux tiers de la cavalerie de l'Armée de Catalogne. L'artillerie devait venir de Grenoble, Valence, Toulouse, Perpignan et aussi de l'Armée d'Italie[2].

Dans la réalité, c'est autour des 2.500 hommes

---

[1] Napoléon, *Corresp.*, t. XXVII, n° 21.100 : ordres dictés au major général, Paris, 15 janvier 1814.
[2] Napoléon, *Corresp.*, t XXVII, n°s 21.075, 21.084, 21.351 : au général Clarke.

environ, réunis sous Musnier à la fin de janvier, que vinrent s'agglomérer les renforts.

Les 10 ou 12 bataillons de conscrits de la levée des 300.000 hommes ne furent pas créés. Et pourtant, au lieu de diriger les conscrits de la 19ᵉ division sur la Grande Armée, combien il eût été plus simple de les laisser à Lyon et de les incorporer dans les troupes d'Augereau ! Les désertions eussent été moins nombreuses et ces jeunes soldats mieux en situation de rendre service. Sans doute, quelques-uns de la classe 1815 (200) furent pris par le maréchal, mais c'était peu sur les 1.549 hommes de cette classe demandés au département du Rhône.

Une division de la réserve de Nîmes (6 bataillons de conscrits : 4.249 hommes), commandée par le général de brigade Bardet, se rendit à Vienne puis fut appelée à Lyon où elle arriva le 18 février. Des bataillons de gardes nationaux furent envoyés par les départements du Cantal, Puy-de-Dôme, de la Haute-Loire, Creuse, Loire, Haute-Vienne, Nièvre, Indre et la ville de Toulon. Mais ces bataillons étaient de très mauvaise qualité. Les gardes désertaient en masse, quelquefois par compagnies. « On vit — écrivait Chaptal — des
« départs de 100, 200 conscrits sans qu'un seul soit
« arrivé à la première étape. » Augereau, de son côté, disait : « Quant aux gardes nationales, rien n'est plus
« pitoyable. Les préfets des 19ᵉ et 21ᵉ divisions mili-
« taires envoient ici des compagnies isolées, sans
« armes, sans habits, sans capotes, sans le moindre
« effet d'équipement et d'habillement, en un mot, des
« paysans, la plupart hors d'état de servir, qui embar-

« rassent, sont à charge et consomment le peu de
« subsistances que nous avons[1]. » A Lyon, on renvoya celles que l'on ne put armer. Les autres continuèrent à déserter. C'est ainsi qu'on remarqua qu'un bataillon ayant présenté 460 hommes à la revue en avait perdu 137 deux heures après avoir reçu les fusils[2].

Fort heureusement le maréchal Suchet avait écrit le 25 janvier au préfet pour lui annoncer 10.750 hommes d'infanterie et de cavalerie et 80 pièces de canon. La première colonne devait se mettre en route de Perpignan le 27. Elle arriva dans l'ordre suivant :

1er d'infanterie légère : 1.327 hommes, le 10 février ;

16e et 20e de ligne : 2.422 hommes, le 11 février ;

67e de ligne : 1.300 hommes, le 12 février ;

23e d'infanterie légère et 7e de ligne : 2.600 hommes, le 13 février ;

5e compagnie du 5e d'artillerie à cheval : 76 hommes, 69 chevaux, le 24 février ;

3e compagnie du 4e bataillon *bis* du train d'artillerie : 95 hommes, 153 chevaux, le 24 février ;

4e hussards : 650 hommes, 702 chevaux, 22 février ;

Détachement du 13e cuirassiers, 22 février ;

12e hussards : 543 hommes, 579 chevaux, le 23 février[3].

Quant au prince Borghèse, malgré l'Empereur, qui

---

[1] Augereau à Clarke, 16 février (Archives de la Guerre), cité par Tournon.

[2] Guerre.

[3] Arch. mun., H², *Correspondance*. Bourdon, administrateur, au maire.

lui réitérait l'ordre de faire « filer sur Chambéry une « division d'infanterie de 6.000 hommes[1] », il mit tant de mauvaise volonté que ses troupes n'arrivèrent d'Italie qu'à la fin de mars et ne purent par conséquent prendre part aux opérations.

En artillerie, Augereau rassembla 34 bouches à feu[2]. Mais 24 seulement, servies par 800 canonniers, furent utilisables.

Pour la conduite des chevaux de trait attachés au parc d'artillerie, le maréchal forma, en plus de celle que lui envoyait Suchet, une compagnie du train recrutée parmi les hommes de la conscription ayant l'habitude de conduire les chevaux. Il invita le préfet à concourir à cette organisation en désignant les hommes propres à ce service[3].

La compagnie devait comprendre :

1 lieutenant ou sous-lieutenant; 1 maréchal des logis chef; 4 maréchaux des logis; 1 fourrier; 5 brigadiers (pris parmi les hommes ayant déjà servi dans le train ou la cavalerie).

2 bourreliers selliers; 2 maréchaux ferrants; 2 trompettes; 132 hommes (dans le cas où l'on ne pourrait trouver de trompettes, on augmentera d'autant la force de la compagnie, sauf à les faire instruire par la suite).

Effectif : 150 hommes, officier compris.

---

[1] Napoléon, *Corresp.* : à Clarke, 22-27 février, 2 mars.
[2] Certaines villes : Villefranche, Clermont-Ferrand, etc., envoyèrent les pièces de campagne qu'elles possédaient.
[3] Arch. départ., *Autorité militaire* : le chef d'état-major Ducasse à Bondy, 29 janvier.

Le préfet prit les dispositions convenables pour réunir 138 hommes et les faire conduire à l'état-major par un officier du recrutement. Quant aux cadres, il déclara qu'il lui était impossible de les procurer, la conscription de 1815 ne présentant aucune ressource à cet égard.

Un appel fut également adressé, par l'intermédiaire du préfet et du maire, à divers ouvriers pour le service de l'armée[1]. L'appel fut entendu — le service était rétribué et pas dangereux — et la liste d'enrôlement, ouverte le 29 janvier, fut close le 5 février.

LES OUVRIERS DEMANDÉS ÉTAIENT :	Solde mensuelle chacun fr.	L'ENRÔLEMENT DONNA :	
Vivres, viandes.			
2 romaniers	83,33	Romaniers	2
8 bouchers	50 »	Bouchers	5
5 toucheurs	41,66	Toucheurs	4
Fourrages.			
1 principal journalier	66,66	Principaux journaliers	2
5 botteleurs	41,66	»	
Hôpitaux.			
2 dépensiers	75 »	Dépensiers	3
10 infirmiers-majors	45 »	Infirmiers-majors	21
30 — ordinaires	30 »	— ordinaires	29
1 coutelier	60 »	»	
1 chaudronnier	60 »	Chaudronnier	1
Habillement.			
1 cordonnier	60 »	»	
2 tailleurs	60 »	Tailleurs	3
2 menuisiers	60 »	Menuisier	1
Equipages auxiliaires.			
5 sous-employés	60 »	Sous-employés	6

[1] Arch. mun., H³.

Pour compléter ces mesures, le maréchal autorisa l'admission de 82 conscrits de la conscription de 1815 dans le 1ᵉʳ hussards[1], l'organisation d'un corps de partisans sous le commandement d'un gentilhomme bourguignon : Gustave de Damas[2], et fit lui-même, sous le nom de *Garde lyonnaise*, une levée de gardes d'élite tenus de s'équiper à leurs frais[3]. Enfin, il pria le préfet d'accélérer la formation du régiment des gardes nationales du Rhône.

---

[1] Le préfet au capitaine de recrutement du département du Rhône (Arch. mun., *Correspondance*).

[2] Ce corps franc fut très actif. Son effectif — suivant MM. le comte de Tournon et J. Perreau — aurait été de 200 volontaires à pied et de 20 à cheval. Rien ne se trouve aux Archives le concernant.

[3] Guerre et Mazade d'Avèze (ouvrages déjà cités). Nous n'avons pas retrouvé trace de ce corps et nous ne savons quels furent les résultats de cette levée.

LE RÉGIMENT DU RHONE

Dans la proclamation qu'il adressait aux habitants de Lyon, le 20 janvier, pour leur apprendre le retour d'Augereau, le maire, comte d'Albon, annonçait qu'il serait formé par les citoyens de bonne volonté des *bataillons lyonnais* en activité de service, distincts des corps francs et de la Légion lyonnaise : « Les batail-
« lons seront organisés en compagnies qui désigneront
« leurs chefs. En conséquence, tous les citoyens de la
« garde nationale qui voudront faire partie de ces
« bataillons et qui ne se sont pas déjà présentés, se
« feront inscrire dans les vingt-quatre heures chez
« leurs capitaines qui nous en transmettront de suite
« l'état. » Les citoyens de bonne volonté formant ces bataillons ne cesseraient pas de faire partie de la garde nationale sédentaire. Quant aux citoyens non inscrits dans la garde nationale dont la moralité était connue, ils seraient également admis dans ces bataillons :
« L'organisation de ce nouveau corps, l'uniforme et
« tous les détails seront arrêtés par nous, de concert
« avec MM. les Capitaines qui vont être nommés[1]. »
Bientôt, des précisions furent apportées. Le 24, le maire annonçait la formation d'un seul bataillon de gardes actifs, en exécution du décret de Sa Majesté

---

[1] Arch. mun., *Affiches et proclamations*.

Impériale et Royale du 6 de ce mois : « Conformément
« à l'arrêté de M. le Préfet, ce bataillon est le contin-
« gent que notre ville doit fournir à l'armée de Lyon.
« Il jouira de tous les avantages accordés aux gardes
« nationales en activité de service.

« Chaque habitant de la ville qui servira volontai-
« rement dans ce corps recevra, en outre, une haute
« paye, accordée par la ville, destinée au soulagement
« de sa famille et dont le montant et la distribution
« seront ultérieurement déterminés.

« Ce bataillon, d'après la loi, doit être habillé et
« équipé aux frais de tous les citoyens et en suite
« d'un arrêté de M. le Sénateur, Com. extraord.,
« M. le Préfet a mis, pour y fournir, en recouvrement
« une imposition extraordinaire. Nous invitons tous
« les habitants à payer cette imposition sans délai.

« Mais il reste à pourvoir au payement de la haute-
« paye promise ; pour en faire les fonds il sera fait par
« nous un appel à tous les citoyens de la ville. Cet
« appel sera fixé d'après les cotes d'impositions et le
« rôle en sera arrêté par Nous et le Conseil d'admi-
« nistration de la Garde nationale. Le recouvrement
« de ce rôle sera fait par une caisse qui sera établie à
« cet effet par l'Etat-Major de la dite Garde qui char-
« gera le Conseil d'administration de surveiller les
« recouvremènts, d'assurer le payement des hautes
« payes et d'en régulariser la comptabilité.

« Les inscriptions volontaires pour servir dans ce
« bataillon continueront à être reçues, pendant trois
« jours consécutifs, au bureau établi à cet effet à
« l'Hôtel de Ville. »

Chaptal avait autorisé le préfet à disposer sur la caisse du payeur de la 19ᵉ division militaire d'une somme de 130.000 francs nécessaire à l'habillement et à l'équipement des corps qui allaient s'organiser ou se réunir dans le département. Mais cette somme n'était pas suffisante. Le 19 février, de Bondy, pour faire face aux dépenses du petit équipement de la garde mobilisée du département, fit passer dans les communes le décret imprimé suivant :

« ARTICLE PREMIER. — Dans les vingt-quatre heures de la réception du présent, le Conseil municipal de chaque commune, convoqué par le maire ou son adjoint, procédera, sans désemparer, à la répartition de la somme assignée à la commune par le Conseil d'organisation, entre tous les individus de l'âge de vingt à quarante ans qui y ont leur domicile et qui ne sont point appelés, chacun dans la proportion de ses facultés et sans égard aux moyens d'exception qu'il peut faire valoir.

« ART. II. — Le rôle de cette répartition fait par le Conseil municipal nous sera adressé avant le 1ᵉʳ mars prochain pour être par nous rendu exécutoire et le recouvrement en être fait dans la même forme que pour les contributions directes.

« ART. III. — Il sera envoyé des Commissaires extraordinaires dans les communes qui n'auraient pas dressé et fait parvenir à la préfecture les rôles de répartition avant le 1ᵉʳ mars et les frais de cette mesure seront à la charge des membres du Conseil municipal.

« ART. IV. — Les contribuables compris dans ces rôles seront tenus d'acquitter le montant de leur taxe dans le courant du mois de mars ; à défaut de quoi ils seront contraints comme pour les contributions.

« Art. V. — Les dépenses pour le grand équipement seront acquittées, s'il y a lieu, sur les fonds dont le recouvrement a été prescrit par notre arrêté du 8 janvier dernier[1]... »

La répartition de la somme que devait payer chaque commune était faite à raison de 76 fr. 82 par homme mis en activité dans cette commune. Cette somme était indiquée sur l'avis imprimé. C'est ainsi que pour Villefranche, par exemple, elle fut de 1.536 fr. 40 (20 gardes) ; pour Vaugneray et Neuville, de 384 fr. 10 (5 gardes), etc.

Cet arrêté n'alla pas sans soulever des difficultés. Le Conseil municipal de Villefranche, extraordinairement assemblé le 24 février, envoya le lendemain au préfet un extrait de son registre de délibérations[2]. Considérant qu'une grande partie des individus sur lesquels devait porter la répartition était des gens sans fortune ou sans domicile déterminé et qu'il en résulterait une charge très onéreuse pour le petit nombre d'individus concourant au payement, le Conseil arrêta à l'unanimité que la somme de 1.536 fr. 40 serait « répartie au « centime le franc sur les contributions mobilières et « immobilières, en en exceptant les contribuables qui « ne payent pas une contribution excédant 10 francs « en mobilier et immobilier réunis ». Il arrêta de

---

[1] Arch. départ., *Garde nationale mobilisée*, 1813-1814. *Comptabilité*.

[2] Voir cet extrait aux Archives départementales, *Equipement de la garde nationale mobilisée*.

plus que chacun des individus formant le contingent de Villefranche dans la garde mobilisée toucherait une haute paye de 1 franc pour les hommes mariés et de 50 centimes pour les célibataires pendant six mois. Pour y subvenir, une répartition serait faite sur tous les citoyens de la commune au marc le franc des contributions mobilière et foncière, en en exceptant toujours les citoyens dont les contributions mobilière et foncière n'excédaient pas 10 francs.

Le préfet répondit qu'il ne pouvait approuver la délibération et invita le Conseil à faire *sans délai* le rôle de répartition. Il ajouta qu'aucune haute paye ne pouvait être levée, mais qu'il n'était pas interdit d'inviter les habitants à faire des dons volontaires.

La contribution extraordinaire servit effectivement à solder les mandats délivrés par Bondy aux tailleurs, ferblantiers, chapeliers, toiliers, selliers, etc., ayant fourni les habits, draps, gamelles, bidons, shakos, brides, selles, capotes, etc. — voire même des chevaux pour la Légion lyonnaise — et qui se montèrent à 165.205 fr. 04[1]. Un solde de 246 fr. 28 resta en caisse et fut versé au Trésor le 31 décembre 1814, d'après les ordres du ministre des Finances[2].

---

[1] Etat des mandats délivrés par le comte de Bondy sur le fonds commun pour l'habillement et l'équipement de la Légion lyonnaise et du bataillon des gardes nationales du département du Rhône (Arch. départ., *Garde nationale. Equipement*).

[2] Voici à ce sujet une lettre très curieuse. Le baron Louis répond au préfet le 21 juillet 1814 : « Vous m'informez que vous avez versé « dans la caisse du receveur général de l'Aisne le produit de la « contribution qui fut levée, dans votre département, au commen- « cement de cette année, pour l'armement et l'équipement d'un « corps de gardes nationaux, sur la classe des citoyens qui avaient

※

La Légion lyonnaise, dissoute le 29 janvier, devint le 1er bataillon du régiment du Rhône. Le sous-inspecteur aux revues Léorat, faisant fonctions d'inspecteur de l'Armée de Lyon, se rendit place Bonaparte, d'après l'invitation qui lui en avait été faite par le préfet, pour passer la revue des officiers et soldats destinés à la composition de l'état-major et du 1er bataillon du régiment du Rhône. Il trouva :

OFFICIERS		TROUPES	
Colonel	1	Sergents-majors	6
Chefs de bataillon	2	Sergents	10
Capitaine adjudant-major	1	Caporaux	25
— quartier-maître	1	Soldats	193
Chirurgien-major	1	Tambours	6
Capitaines	3		
Lieutenants	4		
Sous-lieutenants	6		
Totaux	19	Totaux	240

Cette opération terminée, Bondy, « qui avait déjà « nommé provisoirement les officiers présents dont « les grades sont rappelés [1] », approuva le choix des

« des motifs d'être exemptés de ce service. Vous ajoutez que ce « corps a été licencié mais qu'il a été fait diverses dépenses pour « sa formation qu'il s'agit d'acquitter..... » Le baron Louis donne l'autorisation au receveur de se dessaisir de ces fonds : « Vous « pourrez les employer à remplir les engagements pour lesquels ils « ont été imposés... » (Arch. départ., *Garde nationale mobilisée*, 1813-1814. *Comptabilité*).

[1] Arch. départ., Procès-verbal constatant l'organisation de l'état-major et du 1er bataillon du Régiment du Rhône : *Garde nationale mobilisée. Régiment du Rhône*, 1813-1814.

sous-officiers fait par le colonel et forma le cadre du 1er bataillon, en attendant la création du 2e. — Une seconde revue fut passée par l'inspecteur pour constater cette formation. La situation par compagnies était la suivante :

ÉTAT-MAJOR DU RÉGIMENT DU RHONE

MM. Pernin, colonel provisoire.
X..., major (emploi vacant).
Peillon, chef du 1er bataillon.
De Courcelle, chef du 2e bataillon.
Vachez le jeune, capitaine adjudant-major.
Léorat, Alexandre, capitaine quartier-maître, trésorier.
Debon, Louis, chirurgien-major.
X..., aides-majors, emplois vacants.
X..., sous-aides,   —

Petit état-major, non encore nommé.

1er BATAILLON

Compagnies	Capitaines	Lieutenants	Sous-lieutenants	Sergents-majors	Sergents	Fourriers	Caporaux	Soldats	Tambours	Effectif
Grenadiers.			1	1	2	1	3	37	1	45
2e ..	1	1	1	1	2	1	2	32	1	39
3e ..	1	1	1	1	1	1	4	29	1	37
4e ..	1	1	1	1	2	1	3	35	1	43
5e ..		1	1	1	3	1	4	28	1	38
Voltigeurs .			1	1		1	3	32	1	38
Totaux .	3	4	6	6	10	6	19	193	6	240

« L'effectif de ce corps ainsi constitué, M. le Préfet
« du département du Rhône a fait prêter par MM. les
« Officiers le serment d'obéissance, de fidélité à

« à S. M. l'Empereur et Roi, et les a fait reconnaître
« successivement chacun dans leur grade; il a déclaré
« ensuite que tous les soldats présents seraient rappelés
« et payés dans la solde qui leur est attribuée comme
« à l'infanterie de ligne à dater du jour où ils sont
« entrés au service, ce qui est constaté par les con-
« trôles; mais que les grenadiers et voltigeurs n'au-
« raient droit à leur haute paye qu'à partir du
« 1er février prochain.

« Nous nous sommes rendu ensuite avec MM. les
« Officiers chez M. le Préfet pour installer en sa pré-
« sence le Conseil d'administration du corps qui, en
« conformité du décret impérial du 21 décembre 1808,
« est composé de :

>MM. Pernin, colonel, président ;
>Peillon, chef de bataillon ;
>De Courcelle, chef de bataillon ;
>Souquet, capitaine ;
>Tiyer, sergent des grenadiers ;
>Léorat, Alexandre, capitaine quartier-maître, tenant la plume.

« Nous avons donné connaissance au Conseil d'ad-
« ministration des lois et du règlement d'après lesquels
« il doit gérer sous la surveillance des inspecteurs aux
« revues toutes les parties de l'Administration et nous
« lui avons prescrit de faire promptement établir les
« trois registres principaux des Délibérations et Caisse
« et Registre-Journal, et de faire l'achat d'une caisse à
« trois serrures pour y déposer les fonds qui seront
« reçus ; nous avons de plus invité le Conseil d'admi-
« nistration à présenter à M. le Préfet un officier qui
« puisse être chargé de la partie de l'habillement. »

Pour compléter l'effectif, le Conseil d'organisation du régiment reprit les opérations relatives à la levée des 1.680 hommes formant le contingent d'activité demandé par le décret du 6 janvier au département du Rhône et réparti comme pour la Légion lyonnaise :

Lyon : 840.

Arrondissement de Lyon : 420.

Arrondissement de Villefranche : 420.

Il procéda le 1er février à la désignation des hommes appelés à former le contingent demandé à l'arrondissement de Lyon, d'après les listes fournies par les maires « et comprenant tous les habitants de leurs « communes âgés de vingt à quarante ans [1] ». Sur ces 420 hommes, 106 seulement furent déclarés « bons pour le service » — et encore certains de ces hommes portent, sur le registre, en regard de leur nom, les mots *remplacé* ou *à revoir*. — Les autres furent rejetés parce que déjà réformés, trop faibles, infirmes ou mariés. Enfin, beaucoup ne se présentèrent pas au Conseil ou feignirent des infirmités.

Dans l'arrondissement de Villefranche [2], 103 hommes furent déclarés bons ; les autres rejetés pour les mêmes motifs que les précédents ou ajournés. Enfin, il y eut beaucoup d'absents et en particulier, dans certaines communes, aucun des hommes désignés ne se présenta.

Aussi dans de telles conditions, le régiment s'orga-

---

[1] Les communes étaient : la Croix-Rousse, Guillotière, Vaise, l'Arbresle, Bully, Dommartin, Fleurieu, Lentilly, Sain-Bel, la Tour-de-Salvagny, Ampuis, Saint-Genis-Laval, Irigny, Brignais, Oullins, Givors, etc., etc.

[2] Les communes étaient : Juliénas, Quincié, Lentignié, Charentay, Poule, Azolette, Ranchal, Propières, etc., etc.

nisa-t-il très lentement. Le 1ᵉʳ mars, un mois après le décret de formation, il présentait un effectif dérisoire :

INFANTERIE
GARDES NATIONALES. — RÉGIMENT DU RHÔNE
1ᵉʳ et 2ᵉ bataillons, en station à Lyon.
État de l'effectif au 1ᵉʳ mars 1814.

Grades	Présents dans la division	Absents aux hôpitaux du lieu	Total de l'effectif
Major commandant	1	»	1
Chefs de bataillon	2	»	2
Capitaine adjudant-major	1	»	1
Capitaine quartier-maître	1	»	1
Chirurgien-major	1	»	1
Chirurgien-aide	1	»	1
Capitaines	12	»	12
Lieutenants	12	»	12
Sous-lieutenants	12	»	12
Totaux	43	»	43

	Troupes	Présents dans la division	Absents aux hôpitaux du lieu	Total de l'effectif
Compagnies d'élite	Adjudants sous-officiers	3	»	3
	Sergents-majors	4	»	4
	Sergents	8	1	9
	Fourriers	2	»	2
	Caporaux	14	1	15
	Tambours	4	»	4
	Soldats	86	10	96
Compagnies du centre	Sergents-majors	8	»	8
	Sergents	13	1	14
	Fourriers	6	1	7
	Caporaux	32	1	33
	Tambours	8	»	8
	Soldats	273	12	285
	Totaux	461	27	488

Augereau écrivit au préfet de la façon la plus pres-

sante pour que le régiment soit incessamment mis en route. Bondy, jusque-là, avait présenté dans ses rapports aux ministres les deux bataillons comme prêts à marcher. Le 8 mars, il pria le maire de l'instruire des dispositions par lui arrêtées pour que tous les gardes demandés à Lyon soient sous le drapeau :
« Il me serait pénible dans le compte que je rendrai
« le 10 du présent du mois, au Gouvernement, de la
« situation du régiment de garde nationale du Rhône,
« de ne pouvoir lui présenter le bataillon lyonnais
« comme étant au complet[1] ».

Mais le maire se débattait au milieu des difficultés. Le mode de recrutement qu'il avait adopté — et contre lequel le major Mylius, commandant le régiment, protesta énergiquement — ne devait lui donner que des déboires.

Une affiche, signée d'Albon, avait donné avis le 25 janvier que, pour favoriser et accélérer par tous les moyens le complément du contingent assigné à la ville de Lyon, les capitaines des compagnies avaient bien voulu se charger, chacun dans leur arrondissement respectif, de recevoir les déclarations de ceux qui désireraient faire partie des bataillons de garde nationale en activité[2]. Mais le mode des enrôlements volontaires n'étant point assez satisfaisant, le maire chargea les capitaines de l'aider dans le recrutement à raison de 20 hommes par compagnie. Ces officiers considérèrent alors ce nombre comme le maximum à fournir par leurs arrondissements et pensèrent qu'ils

[1] Arch. mun., *Correspondance.*
[2] Arch. mun., II³, *Garde nationale. Affiches,* 1814-1819.

se trouveraient libérés en fournissant le nombre demandé. Des divergences paralysaient le recrutement dans diverses compagnies. Les unes donnèrent peu d'hommes, les autres beaucoup. Les engagements furent mal faits. On admit des hommes appartenant aux classes des 120.000 et 300.000 hommes : « A « ceux-là on ne devait rien, car c'était déjà une faveur « signalée que de les admettre dans le bataillon [1]. » On incorpora aussi quelques jeunes gens de la conscription de 1815 : « Les uns ont été réformés, d'autres « ont déserté, d'autres ont passé dans d'autres corps « et 400 hommes environ sont seuls restés sous les « drapeaux. Ainsi non seulement le bataillon est loin « d'être complet, mais il ne saurait l'être d'après les « moyens employés. »

♦

Le Régiment du Rhône, assimilé aux troupes de ligne, devait comprendre 2 bataillons. Le premier fut organisé le 30 janvier, le second le 23 février. Mais ce dernier n'eut guère que les cadres.

Chaque bataillon comprit 6 compagnies : une de grenadiers, une de voltigeurs et quatre de fusiliers. Chaque compagnie, commandée par un capitaine de 3ᵉ classe, dut comprendre en cadres et effectif : 1 lieutenant de 2ᵉ classe, 1 sous-lieutenant, 1 sergent-major,

---

[1] Arch. mun., H², Invasion étrangère : *Bataillons lyonnais ou Régiment du Rhône.*

1 fourrier, 4 sergents, 8 caporaux, 124 hommes, 2 tambours.

Le régiment, à partir du 6 février, fut placé sous le commandement du major Mylius, du 117ᵉ de ligne, venu par ordre du ministre de la Guerre. Les deux chefs de bataillon, MM. Peillon et de Courcelle, étaient d'anciens officiers, le premier ayant déjà dirigé la Légion lyonnaise. Quant aux capitaines, ce furent aussi d'anciens officiers, assez âgés pour la plupart (de quarante à soixante ans), remis en activité par Chaptal et Augereau. Les lieutenants, sous-lieutenants furent nommés par le préfet lors de la constitution du régiment et les autres gradés par le colonel provisoire. Beaucoup furent choisis parmi les gradés et les hommes de la Légion lyonnaise [1].

On peut se rendre compte, par les feuilles d'appel, des mutations qui eurent lieu dans chaque unité durant le premier trimestre 1814. On y constate un grand nombre de désertions, ce qui était inévitable vu les incorporations *de conscrits réfractaires* et même *de condamnés aux boulets et travaux publics*, qui furent faites vraisemblablement pour combler des vides trop profonds. Ces feuilles donnent le détail des effectifs par compagnies et permettent en quelque sorte de suivre la vie du régiment. C'est pourquoi nous en citerons une partie :

---

[1] MM. de Tournon et Perreau doivent faire erreur quand ils disent que 720 officiers, sous-officiers et soldats du 24ᵉ de ligne furent affectés à l'encadrement des gardes nationaux du général Rémond. Nous ne trouvons aucune trace de ces gradés dans le Régiment du Rhône. Il est douteux que le Régiment du Rhône eût fait exception à cette mesure si elle avait été appliquée.

INFANTERIE DE LIGNE. — RÉGIMENT DU RHONE

1ᵉʳ BATAILLON

Compagnie de grenadiers.

Composition et situation de l'effectif :

Grades	Présents sous les armes	Aux hôpitaux	Total	Manque au complet	Total du complet
Capitaine 3ᵉ classe	1	»	1	»	1
Lieutenant 2ᵉ classe	1	»	1	»	1
Sous-lieutenant	1	»	1	»	1
Sergent-major	1	»	1	»	1
Sergents et fourrier	4	1	5	»	5
Caporaux	3	2	5	3	8
Soldats	33	3	36	88	124
Tambours	1	»	1	1	2

Les mouvements dans cette compagnie sont les suivants :

	Hommes de troupe
L'effectif à la dernière revue (30 janvier) était de 3 officiers	45
Venus d'autres compagnies du corps	4
Enrôlés volontaires	16
	65
Passés à d'autres compagnies du corps	4
Morts	1
Déserteurs	12
Restent 3 officiers	48

Compagnie de voltigeurs.

Grades	Présents sous les armes	Aux hôpitaux	Total	Manque au complet	Total du complet
Capitaine	1	»	1	»	1
Lieutenant	1	»	1	»	1
Sous-lieutenant	1	»	1	»	1
Sergent-major	1	»	1	»	1
Sergents et fourrier	5	»	5	»	5
Caporaux	6	»	6	2	8
Soldats	40	5	45	79	124
Tambours	»	»	»	2	2

Les mutations indiquées sont les suivantes :

	Hommes
L'effectif à la revue du 3o janvier était de 3 officiers.	38
Enrôlés volontaires	40
Remis en activité	1
	79
Déserteurs	22
Restent 3 officiers	57

1re compagnie.

Grades	Présents	Hôpitaux	Total	Manquent
Capitaine	1	»	1	»
Lieutenant	1	»	1	»
Sous-lieutenant	1	»	1	»
Sergent-major	1	»	1	»
Sergents et fourrier	4	»	4	1
Caporaux	3	1	4	4
Soldats	51	16	67	57
Tambours	3	» excédent	1	»

	Hommes
L'effectif à la dernière revue était de 2 officiers	42
Enrôlés volontaires	54
Venus des dépôts de conscrits réfractaires	23
Venus d'autres compagnies du corps	4
	123
Déserteurs	40
Rayés	2
Restent 3 officiers	81

2e compagnie.

Grades	Présents	Hôpitaux	Manquent
Capitaine	1	»	»
Lieutenant	1	»	»
Sous-lieutenant	1	»	»
Sergent-major	»	»	1
Sergents et fourrier	4	»	1
Caporaux	4	»	4
Soldats	44	4	76
Tambours	2	»	»

	Hommes
L'effectif à la dernière revue était de 3 officiers. . . .	37
Enrôlés volontaires	50
Venus des dépôts de conscrits réfractaires	21
	108
Déserteurs	51
Restent 3 officiers	57

3ᵉ compagnie.

Grades	Présents	Hôpitaux	Manquent
Capitaine	1	»	»
Lieutenant.	1	»	»
Sous-lieutenant . . .	1	2	»
Sergent-major. . . .	1	»	»
Sergents et fourrier. .	3	1	1
Caporaux	8	»	»
Soldats	63	4	57
Tambours	1	»	1

	Hommes
L'effectif à la dernière revue était de 3 officiers . . .	44
Enrôlés volontaires	42
Venus des dépôts de condamnés aux boulets et travaux publics	24
	110
Déserteurs	30
Restent 3 officiers	80

4ᵉ compagnie.

Grades	Présents	Hôpitaux	Manquent
Capitaine	1	»	»
Lieutenant.	1	»	»
Sous-lieutenant . . .	1	»	»
Sergent-major. . . .	1	»	»
Sergents et fourrier. .	3	»	2
Caporaux	5	»	3
Soldats	63	12	49
Tambours	1	»	1

	Hommes
L'effectif à la dernière revue était de 3 officiers	40
Enrôlés volontaires	44
Remplacements ou substitutions	27
	111
Déserteurs	26
Restent 3 officiers	85

2ᵉ BATAILLON

Compagnie de grenadiers.

L'effectif comprend : 3 officiers, 1 sergent-major, 1 sergent (passé à la 4ᵉ compagnie du bataillon).
   Point d'hommes.

Compagnie de voltigeurs.

3 officiers (1 sous-lieutenant rayé le 20 mars).
   Point d'hommes.

1ʳᵉ compagnie.

	Hommes de troupe
L'effectif de cette compagnie à la revue du 23 février était de 3 officiers	5
Venus des gardes nationales actives [1]	47
Déserteurs	15

2ᵉ compagnie.

	Hommes de troupe
A la revue du 23 février, la compagnie présentait 3 officiers	5
Venus des gardes nationales actives	39
Déserteurs	17

[1] Nous n'avons pu déterminer quelle était l'origine de ces hommes. Il se pourrait que ce fussent des gardes nationaux d'autres départements incorporés dans les bataillons du Rhône.

3ᵉ compagnie.

	Hommes de troupe
A la revue du 23 février, l'effectif était de 3 officiers	3
Venus des gardes nationales actives	67
Déserteurs	33

4ᵉ compagnie.

	Hommes de troupe
L'effectif était de 3 officiers	6
Venus des gardes nationales actives	48
Déserteurs	29

Le Régiment du Rhône — pas plus que ceux des autres départements qui durent être constitués dans de plus mauvaises conditions encore — ne pouvait rendre aucun service. Ce régiment restant à Lyon avait beaucoup de déserteurs. Il n'est pas douteux qu'aux premières marches ou aux premiers coups de feu il eût perdu une bonne partie de son effectif. Car il ne dut pas marcher, malgré ce que dit la lettre adressée par Bondy aux ministres de l'Intérieur et de la Police générale [1]. La mention *néant* portée vis-à-vis des renseignements sur la position du corps pendant le cours du trimestre [2] et l'absence de toutes pertes au feu — on ne

---

[1] «... Six compagnies du régiment des gardes nationales du « Rhône sont parties de Lyon il y a quelques jours pour se joindre « à l'armée du maréchal Augereau. D'autres s'organisent et pour-« ront entrer en campagne... » (Arch. départ., Invasion : 1814-1815. *Rapports du préfet du Rhône aux ministres*).

[2] *Extrait des renseignements sur les divers traitements extraordinaires et la position du corps pendant le trimestre :*
Routes :
Combien d'hommes ont marché par détachements, sous le commandement de M. X... ? Néant. — Combien y a-t-il eu de jour-

trouve dans les feuilles d'appel ci-dessus aucun tué à l'ennemi — sont suggestives. Les 4.000 gardes du général Rémond formèrent une réserve nominale et ils ne rejoignirent probablement jamais l'armée du maréchal Augereau. Il serait difficile d'admettre le contraire, cette brigade n'étant intervenue nulle part, pas même lors de la bataille du 20 mars, durant laquelle, si elle eût eu quelque valeur, elle pouvait être lancée pour arrêter le mouvement des Autrichiens sur la droite du général Musnier.

Le Régiment du Rhône se retira cependant avec l'armée d'Augereau lorsque celle-ci évacua Lyon. Il fut licencié le 10 mai 1814, à la suite d'une circulaire ministérielle du 6 du même mois.

nées de route dans le cours du trimestre ? Néant. — Quels sont les jours de marche et ceux de séjour ? Néant. — Quels sont les lieux de départ et destination ? Néant. — A-t-il franchi quelques gîtes d'étape ? Quel en est le nombre et quels sont les gîtes franchis ? Néant.

Les vivres de campagne (pain, viande, légumes et sel) ont été distribués du 30 janvier au 27 février et du 5 mars au 31 inclus *(Garde nationale mobilisée. Feuilles d'appel. Régiment du Rhône.* Arch. départ.).

LE DÉPART DE L'ARMÉE DE LYON

Bubna retiré à Meximieux et Pont-d'Ain resta immobile durant la fin de janvier et ne fit rien pour entraver la formation de l'Armée de Lyon. Il se contenta d'effectuer de nombreuses réquisitions dans les départements du Rhône et de l'Ain avec sa cavalerie et des bataillons en soutien. C'est ainsi qu'il se présenta à Belleville et à Beaujeu d'où il fut chassé avec quelques pertes par le corps de partisans de Damas aidé des habitants[1].

Le maréchal Augereau put donc organiser son armée en toute sécurité. Un mois après l'attaque de Lyon elle faisait bonne figure. Dès le 15 janvier, l'Empereur lui faisait donner l'ordre de se mettre en route en lui traçant un plan d'opérations : se porter sur Genève, reprendre cette ville, y laisser une bonne garnison puis marcher rapidement sur Vesoul de façon à couper la ligne de communications de l'armée alliée. Le maréchal répondit, le 16, qu'il était retenu à Lyon parce qu'il manquait d'argent, d'armes, d'attelages et de magasins ; que les gardes nationales étaient pitoyables, que les bataillons de la division de Nîmes n'avaient point d'habillement, d'équipement et d'instruction. Napoléon, furieux, lui écrivit lettres sur

[1] Bondy aux ministres, 15 février (Arch. départ., *Correspondance du préfet*).

lettres : « Il n'y a pas d'argent, et d'où espérez-vous
« tirer de l'argent? Vous ne pourrez en avoir que
« quand nous aurons arraché nos recettes des mains
« de l'ennemi. Vous manquez d'attelages : prenez-en
« partout. Vous n'avez pas de magasins ; ceci est par
« trop ridicule[1]... » Cependant, il lui avait accordé
un tiers des fusils qui se fabriquaient à Saint-Etienne[2]
et l'avait autorisé à lever sur Lyon tout l'argent qui lui
serait nécessaire.

Aussi bien, l'Empereur lui fit-il entendre que
c'étaient là de mauvaises raisons et lui ordonna t-il à
nouveau d'entrer en campagne sans aucun retard. Le
ministre de la Guerre écrivit au préfet Bondy « de faire
« un commentaire oral des instructions écrites que le
« maréchal semblait décidément ne pas comprendre[3] » :
Enfin, l'Empereur ordonna d'envoyer un officier pour
lui indiquer l'importance de sa mission[4].

Le 28 février, Augereau se décida à quitter Lyon
pour aller prendre le commandement de ses troupes,
disséminées en quatre colonnes et parties depuis le 17.

[1] Napoléon, *Corresp.*, t. XXVII, n° 21343 : au maréchal Augereau, Nogent, 21 février. Voir à ce sujet M. Gonnet, *la Campagne de 1814* et J. Perreau, *l'Epopée des Alpes*, t. III, où sont longuement exposés les hésitations et les retards du maréchal.

[2] Saint-Etienne envoya des fusils neufs. Voir lettre Ducasse au maire, 31 janvier 1814 (Arch. mun., H², *Réquisitions*).

[3] Ministre de la Guerre au préfet, 23 février, cité par M. J. Perreau, *l'Epopée des Alpes*.

[4] Napoléon, *Corresp.* : au général Clarke, 26 février.

III

LA RETRAITE D'AUGEREAU SUR LYON

LES PRÉPARATIFS DE DÉFENSE
LES RÉQUISITIONS

Augereau, en quittant Lyon, n'avait laissé aucun ordre relatif à la mise en état de défense. Cependant, la première menace contre la ville et l'issue incertaine de la campagne qu'il allait entreprendre eussent dû le pousser à quelques mesures. Le général Musnier avait bien ordonné la construction de deux redoutes symétriques sur le bord du plateau de la Croix-Rousse, en avant de la chemise bastionnée : à Montessuy et à Caluire. Mais c'est les 15 et 17 mars seulement que Bondy donna des ordres à M. de Varennes, sous-préfet de l'arrondissement de Lyon, pour requérir deux cents ouvriers nécessaires à l'édification de la première de ces deux redoutes et autorisa l'ingénieur en chef des ponts et chaussées à faire prendre dans les ateliers d'entrepreneurs tous les outils et brouettes dont on aurait besoin.

En vue de l'établissement d'un pont de bateaux sur

la Saône, au-dessus de la ville [1], le préfet invita le maire à requérir des bateaux, des ancres, des pièces et des traverses de sapin, des madriers, crocs, piquets et chevalets, enfin des fascines et des palissades. Le 19 mars, la construction du pont n'était pas commencée. Le général de division baron Desvaux écrivait à Bondy pour lui en indiquer les raisons et le prier d'ordonner impérativement aux maires de requérir dans la journée les objets qui manquaient.

Ce furent les seuls travaux entrepris, jamais achevés d'ailleurs. On n'éleva aucun ouvrage sur les collines de Fourvière et de Saint-Just; la chemise bastionnée ne fut ni renforcée ni crénelée; on n'établit aucune batterie au cimetière de Cuire, à la Croix-Rousse, aux ponts Morand et de la Guillotière. Enfin, chose incroyable, les 80 canons envoyés par Suchet et destinés à l'armement de la place ne furent pas amenés d'Avignon.

Aussi, le maréchal Augereau, attaqué par toutes les forces autrichiennes (46.000 hommes), craignit pour la ville menacée par la droite de l'Armée du Sud. Il fit retraite et vint cantonner à Lyon le 9 mars. Puis il se ravisa et marcha sur Mâcon. Ces marches et contre-marches inutiles permirent aux Autrichiens de se concentrer : « Si le 4 mars, à l'approche de l'armée du
« prince de Hesse, le maréchal, inquiet pour Lyon,
« croyait devoir se retirer sur la basse Saône, c'était à
« Mâcon qu'il lui fallait porter ses forces. Arrêtant
« dans cette position le corps de Bianchi et imposant par

---

[1] Nous n'avons pu savoir dans quel but ce pont devait être construit et si les travaux furent exécutés complètement. Il est probable que non.

« son mouvement aux autres corps de l'armée du Sud,
« il eût donné le temps d'arriver aux nombreux ren-
« forts qui étaient en route, il eût permis à Lyon de
« préparer sa défense [1]... »

Le préfet et la municipalité ne recevant point d'ordres d'Augereau, même à cette date, durent penser sans doute que l'armée tiendrait indéfiniment la campagne et que point n'était besoin de parer à l'éventualité d'un siège. Ils se contentèrent d'assurer l'approvisionnement de l'armée. Le 12 mars, le préfet écrivit au maire pour le prier de requérir 20.000 kilogrammes de plomb, destinés à la confection de cartouches, et d'en faire remettre une bonne partie, le 13, à l'Arsenal [2]. Puis, le 15, le maire adressa les réquisitions aux intéressés, chargeant les commissaires de police d'en assurer l'exécution. Cependant, le 19 mars, le colonel Hazard, directeur de l'artillerie, n'avait encore reçu que 14.774 kilogrammes. Il écrivit au maire : « J'ai l'hon-
« neur de vous prévenir que la réquisition des 20.000 ki-
« logrammes de plomb, faite en vertu des ordres
« de M. le Préfet du département en date des 12 et
« 13 mars, n'est pas encore toute rentrée à l'Arsenal.
« J'ignore moi-même le nom des commerçants qui
« ont dû fournir, mais je puis vous envoyer, et vous
« trouverez ci-joint le nom de ceux qui ont obéi. Je
« vous demande en grâce de ne pas tolérer plus long-

---

[1] Henry Houssaye, *1814*. Il est curieux de noter que le thème d'opérations d'Augereau, la marche de son armée contre le corps de Bubna et l'arrivée de l'Armée du Sud au secours de ce dernier, devaient être reproduits à peu de chose près, en 1870, par Bourbaki, Werder et Manteuffel.

[2] Le préfet au maire, 12 mars (Arch. mun., *Réquisitions*).

« temps les lenteurs de ceux qui ne l'ont pas fait. Les
« consommations de cartouches sont énormes et l'aug-
« mentation de l'armée en exige de nouvelles... »

Les farines, riz, sel, eau-de-vie, vin, des fagots furent réquisitionnés. Le préfet, à qui l'ordonnateur de l'armée avait dit que le service relatif à la nourriture de la troupe manquerait si les boulangers de la ville ne fabriquaient une partie du pain nécessaire[1], invita le maire à donner des ordres pour que, momentanément, 80.000 rations de pain, du poids légal de 3 livres marc l'une, soient fabriquées par ces boulangers. Les farines de la manutention militaire seraient fournies aux boulangers et les 80.000 rations versées dans les magasins de l'armée au fur et à mesure de la fabrication. Ce moyen d'opérer étant gênant pour la municipalité et les administrateurs militaires, le préfet pria également le maire de donner des ordres pour qu'il soit construit 6 fours de 500 rations chacun.

Des mesures furent prises par les hospices pour la réception des blessés de l'armée. En particulier, le comte d'Albon rédigea un appel aux habitants de Lyon pour l'envoi, à l'Hôtel-Dieu et à sa succursale, de paillasses, matelas, draps, linge, charpie, etc. Vu la pénurie extrême de fonds qu'éprouvaient les hôpitaux à subvenir aux dépenses extraordinaires, on demanda aux citoyens des dons en argent ou en nature[2].

Le maréchal Augereau entendant que l'Hôtel-Dieu et sa succursale ne reçoivent en militaires que des

---

[1] 15 mars. Il y avait à faire journellement une distribution de plus de 26.000 rations, et on comptait que dans cinq jours elle serait de 36.000.
[2] Arch. mun., *Affiches et proclamations*.

blessés et que tous les autres militaires malades soient dirigés ailleurs, le Conseil d'administration répondit au maire que 75 militaires légèrement blessés ou convalescents avaient été dirigés sur l'Antiquaille et que l'évacuation de 300 militaires malades à Avignon n'avait pu s'effectuer très promptement, « parce que la compta-« bilité et l'état des entrées et sorties des militaires exi-« gent beaucoup d'exactitudes et d'écritures ». Cependant le Conseil ajoutait qu'hier, 13 mars, 96 avaient été embarqués et descendaient le Rhône, que 100 à 110 autres avaient pris la même direction aujourd'hui et que demain on enverrait 130 à 140 galeux et vénériens.

Le Conseil d'administration faisait ensuite un plan de ce qu'il pourrait affecter uniquement au service des blessés, une fois cette évacuation effectuée :

	Blessés
1° Salle Saint-Paul, où nous placerons aisément	100
2° La salle neuve	100
3° Nous réservons au grand dôme 100 lits pour le même service et y placerons aisément en blessés militaires (réservons dans cette salle un nombre égal de lits pour blessés civils).	120
En continuant de faire évacuer tous les militaires fiévreux ainsi que les prisonniers qui nous encombrent, nous pourrons consacrer de suite au service des blessés :	
4° Les salles dites de la convention et des consignés.	240
5° Succursale de Perrache qui ne contient que 160 lits mais qui recevra, après évacuation des fiévreux	200
6° Enfin, bien que la Charité soit réservée à d'autres œuvres, nous trouverons le moyen d'y préparer 100 lits pour recevoir	120
7° Dans la salle des opérations de l'Hôtel-Dieu et dans une autre salle dite Saint-Lazare (lits réservés aux payants), nous réserverons quelques lits aux officiers	20
Total	900

Les membres du Conseil disaient ne pouvoir faire

plus sans exposer la cité à une épidémie et sans priver de secours les malheureux de la ville, « dont le nombre « devient plus considérable en raison de la misère des « temps ». Ils terminaient en disant : « Tout se réunit « donc pour faire ouvrir au plus tôt un grand hôpital « militaire qui, sous la surveillance de MM. les Com- « missaires des guerres, serait dirigé par des infirmiers « et des officiers de santé militaire [1]... »

Enfin, des réquisitions furent faites dans la Haute-Loire, le Puy-de-Dôme et le Cantal. Des grains furent acquis et transportés de Saint-Etienne, Saint-Just et Feurs. A la suite de ces réquisitions, la mairie versa, durant février et mars, les quantités suivantes de denrées [2] :

Farine quint. mét.	Fagots de bois nombre	Riz quintaux	Sel quintaux	Légumes quintaux	Vin litres	Eau-de-vie	Rations de pain	Foin quintaux	Avoine doubles décal.	Charbon de terre kilog.
Les versements faits d'après le registre de M. Champagne, conseiller de préfecture, et ses déclarations, dont le montant a été payé par M. Régny, trésorier de la ville, sur les mandats de M. le Maire, s'élevant aux quantités de :											
1.386,07	3.750	36,59 ½	44,84	63,48	30.200	6.499	»	600	3.600	96.000
Selon les registres du garde-magasin des vivres et du garde-magasin pour le fourrage, la Ville a réellement versé :											
1.446,70	3.850	36,59 ½	64,84	68,48	30.200	9.850	29.880	600	3.600	96.000
La Mairie a versé en outre, le 26 janvier et 3 mars 15.000											
1.446,70	3.850	36,59 ½	64,84	68,48	30.200	9.850	29.880	600	3.600	111.000

[1] Arch. mun., *Armée de Lyon. Ambulances*, 1814.
[2] Extrait du tableau présentant les denrées des services désignés

Enfin, les bouchers de la ville fournirent à l'armée, sur la réquisition de l'ordonnateur en chef Bourdon, durant le mois de mars (jusqu'au 20), 103 bœufs, représentant 32.531 kilogrammes, et 50.549 kilogrammes de viande abattue ; au total, 83.080 kilogrammes ou 332.320 rations d'un quart de kilogramme l'une. Le total général s'éleva à :

	Rations	Cuirs	Sommes
Fournitures en viande manutentionnée faites aux troupes	170.261	»	»
Fournitures en cuirs et viande non manutentionnée faites aux comptables de l'armée pendant le même temps	332.320	103	»
	502.581	103	104.121 20

en marge, versées dans les magasins militaires de Lyon par la mairie, les denrées versées par la mairie en sus de celles payées par M. Régny, 19 décembre 1815 (Arch. mun., 1814. *Réquisitions*).

LA REDDITION DE LYON

Le 18 mars, à 11 heures du soir, l'avant-garde d'une nouvelle colonne de 8.000 hommes des troupes d'Espagne, envoyée par Suchet, d'après les ordres donnés par Napoléon, fin février, arriva à Lyon. Le maire avait invité les habitants à recevoir les soldats dans leurs propres demeures sans recourir à des logements étrangers, à tenir du feu éclairé et à faire rafraîchir ces militaires[1]. Une grande partie de la population se porta au-devant du détachement, qu'elle accueillit avec joie : « Il ne fut pas nécessaire de distribuer des billets « de logement ; les chefs de famille, dans toutes les « classes de la société, s'emparaient de deux ou plu- « sieurs d'entre nous et nous fêtèrent de leur « mieux[2]... »

Le lendemain la « générale » fut battue et les troupes mises en route sur Limonest où l'armée d'Augereau, refoulée par les Autrichiens, s'était établie. La bataille s'engagea le 20 mars, au lever du jour. Les Français se maintinrent sur toutes leurs positions malgré l'ab-

---

[1] Arch. mun., *Affiches et proclamations*, 17 et 18 mars.
[2] Larreguy de Civrieux, *Souvenirs d'un Cadet* (1812-1823), Paris, Hachette, 1912.

sence du maréchal Augereau. Celui-ci, en effet, ne parut pas à l'armée durant la journée du 19 et le lendemain il quitta le champ de bataille vers midi pour aller conférer avec les autorités civiles. Ce départ non motivé, à l'insu des autres généraux auxquels il ne laissa point d'ordres, fit très mauvaise impression sur les soldats : « Le maréchal Augereau, duc de Castiglione
« nous commandait. Nous l'aperçûmes à peine au cours
« de cette journée où il eût été si naturel qu'il inspectât
« ses nouvelles troupes, composées en masse de con-
« scrits, auxquels il eût fallu, à défaut d'expérience
« inoculer de l'enthousiasme et cette ferveur patrio-
« tique qui enfanta tant de héros dans les guerres de
« la Révolution... Quoi qu'il en soit, nous fûmes sur-
« pris d'un tel délaissement auquel ne nous avait pas
« habitués la vigilante sollicitude du duc d'Albu-
« féra [1]. »

Lorsqu'il revint, à 5 heures du soir, l'armée française reculait sur Vaise. Le général Musnier, ayant une fois encore perdu la tête devant un mouvement offensif de l'ennemi sur son aile droite, avait quitté les positions très avantageuses qu'il occupait, sans rien tenter pour arrêter ce mouvement. Son recul avait déterminé celui de ses camarades, les généraux Pannetier et Digeon, qui le croyaient attaqué par des forces très supérieures. Ainsi l'absence d'une direction supérieure fut la cause de cette retraite et de la perte de la position excellente que nos troupes auraient pu défendre longuement.

[1] L. de Civrieux, *ibid*.

Augereau rentra à Lyon à 9 heures et demie du soir, laissant son armée rangée à l'ouest de Lyon, prête à de nouveaux combats. Il convoqua une deuxième fois à l'Hôtel de Ville un Conseil, où se trouvèrent le sénateur Chaptal, le préfet, un Commissaire des guerres, le maire, les adjoints de Sainneville et de Varax, les commissaires de police, et demanda tranquillement à ce Conseil si la ville avait l'intention de se défendre. Deux solutions se présentèrent à l'esprit de ces messieurs : 1° défendre Lyon dans Lyon même ; 2° l'évacuer.

Si on évacuait Lyon, le moral de l'armée s'affaiblirait, la confiance et la force des Alliés seraient augmentées et cette chute de la capitale du Sud-Est aurait un contre-coup funeste dans les départements voisins. Mais, d'autre part, il ne fallait pas songer à s'enfermer sans munitions ni vivres dans une place ouverte. Le maire déclara que Lyon, épuisée par les fournitures de vivres à l'armée, n'avait pas de subsistances pour quatre jours ; qu'il serait impossible de s'approvisionner, les ennemis étant maîtres de la Bresse, des deux rives de la Saône et bientôt de celles du Rhône.

M. de Varax, à son tour, fit sentir que toute résistance était impossible. Enfin, Sainneville, pour achever de convaincre Augereau, ajouta que l'Empereur lui-même avait plus d'une fois consacré en principe que les grandes cités ne doivent jamais prendre une part militaire aux événements de la guerre. Il fit entrevoir une prise de vive force, l'incendie, le pillage et la dévastation, conclut que les levées en masse étaient des mesures de désespoir sans aucun résultat; que les magistrats avaient de dangereux ennemis, non parmi les Alliés, mais parmi les habitants de la ville et qu'on avait tout à craindre pendant les désordres d'un bombardement ou d'un siège [1].

Le maréchal, qui pensait de même [2], et convaincu plus encore par les discours des membres de l'Administration municipale, dont plusieurs étaient d'anciens officiers de l'armée royale, conclut à l'évacuation. L'armée rentra dans Lyon devant une population consternée : « Quel changement dans la physionomie de « cette grande population, naguère enthousiaste, « joyeuse de notre venue. Elle ne pouvait plus se mé- « prendre aujourd'hui sur sa destinée ; triste, décou- « ragée, enfouissant ses trésors, elle accourait encore « sur ses portes pour nous dire un dernier adieu, pour « secourir les blessés, pour reconnaître notre impuis- « sant courage et le sang si généreusement et si « vainement répandu pour sa défense [3]. »

Dans la nuit [4], un ordre l'ébranla. Le 12e hussards en tête — pour écarter de la route les cavaliers autrichiens — elle franchit le pont de la Guillotière et prit la route de Valence. Les transports étant insuffisants, on mit le feu au matériel de guerre et on fit sauter un

---

[1] Guerre.
[2] Houssaye, *1814*.
[3] L. de Civrieux.
[4] L. de Civrieux doit faire erreur sur la date du départ. Selon lui, ce n'est que le 21 au soir que l'armée aurait évacué Lyon. Les autres historiens : MM. Houssaye, Guerre, Mazade d'Avèze, etc., s'accordent sur la date du 20 mars.

grand nombre de fourgons chargés de poudre[1]. Les habitants avaient été consignés dans leurs maisons par des ordonnances de police.

Le lendemain, 21 mars, les Autrichiens, à qui les magistrats avaient rendu la ville, étaient passés en revue par le prince de Hesse, à 11 heures du matin, sur la place Bellecour...

Dans une lettre justificative qu'il écrivait de Valence, le 29 mars, à Clarke, Augereau disait : « Votre Excel-
« lence me parle d'une diversion à faire sur les flancs
« de l'ennemi. Certes, cette diversion a été faite et a eu
« tous les résultats que l'Empereur en attendait. »

Le maréchal était-il borné au point de n'avoir rien compris à l'idée de l'Empereur et de croire que sa mission était seulement de détourner l'effectif de l'armée du Sud contre lui ? Il est difficile de se l'imaginer. Cette conception stratégique très simpliste suffirait alors à expliquer sa mollesse dans les opérations. Mais excuserait-elle l'évacuation de Lyon sans défense ? La meilleure façon d'immobiliser cette armée n'était-elle pas de l'obliger au siège de la ville en lui laissant toujours la menace d'une sortie et d'une reprise d'offensive ? Cette reprise n'était pas impossible. Les Autrichiens n'avaient guère que 32.000 hommes —

---

[1] Les Autrichiens trouvèrent néanmoins dans Lyon : 8 pièces de canon, 1.720 fusils, la plupart tout neufs, et un nombre immense de boulets, de bombes, de grenades et d'obus (*Nouvelles des Armées*. Arch. mun., H², 1814, *Affiches et proclamations*).

12.700 avec Bubna étaient autour de Genève — Augereau réunissait 21.500 hommes sous ses ordres[1] et il allait bientôt recevoir 6.800 fantassins de l'armée de Suchet et 7.000 hommes des armées de Toscane et de Piémont. Les premiers devaient arriver à Lyon le 22 ou 23 mars, les seconds le 25 ou le 27. Le maréchal pouvait recommencer la bataille le 21, bien posté sur la solide position qui s'étend de Vaise à Sainte-Foy et que les soldats qualifiaient eux-mêmes de « nid d'aigles », défendre cette position à outrance en attendant les renforts et, ceux-ci arrivés, se donner sérieusement de l'air autour de Lyon pour regagner le terrain perdu, sinon culbuter l'ennemi.

La résistance ne manquait pas de points d'appui. On pouvait créneler la chemise bastionnée de la Croix-Rousse, les murs, les maisons des faubourgs. La population aurait concouru à ces menus préparatifs et peut-être même à la défense. Enfin la poudre et le plomb pour confectionner les cartouches ne manquaient pas dans la ville. En sus des 20.000 kilogrammes de plomb réquisitionnés, les commerçants et fondeurs en possé-

---

[1] M. Houssaye, *1814*, note p. 330.
Les Français avaient :

Divisions	Musnier	5.740	hommes
	Pannetier	4.855	—
	Digeon	1.644	—
	Bardet	4.249	—
Gardes nationales		4.154	—
Artillerie		883	—
Total		21.535	

A défalquer, pour pertes du 10 au 20 mars, 1.661 hommes, et à ajouter 1.550, tête de colonne de la division Beurmann, arrivée à Lyon le 19. Total : 21.524

daient de grandes quantités. Quant aux vivres, les grains et farines enfermés dans les magasins militaires permettaient de fournir du pain à 36.000 hommes pendant six à huit jours[1]. Il eût été d'autre part facile de s'approvisionner au dehors — malgré l'avis du maire — l'ennemi étant dans l'impossibilité, avec 32.000 hommes, de faire le blocus complet d'une ville comme Lyon.

Mais pour tenter toutes ces choses, pour allumer dans les cœurs l'esprit de sacrifice et de dévouement au pays, il eût fallu d'autres hommes à la tête de l'armée et de la ville. Sans doute Augereau est bien coupable,

---

[1] État général de la remise faite à la mairie de Lyon des denrées du service des vivres pain, des vivres de campagne et liquides, effets, etc., de la Direction générale des vivres de la guerre, lors de l'entrée des troupes alliées le 21 mars 1814…

Deux procès-verbaux des 21 et 22 mars constatant la remise faite à la mairie des objets ci-dessous :

Grains			Farines (méteil)		Rations de pain 7 Hg. 1/2 l'une	Total des grains farines et pains représentés en :		Vivres de campagne		Liquides		Sacs de toile et treillis
Froment	Seigle	Méteil 3/4 fro. 1/4 sei.	Brutes	Blutées 15 0/0				Riz	Sel	Vin	Eau-de-vie	
	quint. kil. 388,57	127,14	quintaux 843,40	502,96	21.000	Froment 95,35,5 632,55 443,70 102,94	Seigle 388,67 31,78,5 210,85 147,93 34,31,4	5,97	kil. 66	litres 6.411	litres 925	9.151
Totaux.	388,57	127,14	843,40	502,96	21.000	1274.63,6	813,44,9	5,97	66	6.411	925	9.151

Ces rations représentent 137 q. 95 k. = 453 rations = 1 quintal.

(Arch. mun., H², *Réquisitions*).

mais une lourde part des responsabilités peut être dévolue à son premier divisionnaire Musnier, à Chaptal, au préfet de Bondy et surtout à l'Administration municipale. Les membres de celle-ci n'étaient pas capables de faire taire leurs sentiments politiques devant l'ennemi et ils n'avaient qu'une hâte : voir enfin arriver l'instant « où, d'accusés qu'ils pourraient être « en ce moment, ils deviendraient à leur tour accusa- « teurs[1]... ». La crainte toujours dominante des émissaires du Gouvernement, des listes de proscription « qu'on savait toutes dressées » les talonnait. Aussi devant un maréchal Augereau avaient-ils beau jeu pour démontrer la ville dans la plus complète incapacité de se défendre.

Il eût fallu leur mettre sous les yeux le décret pris au quartier impérial de Fismes le 5 mars 1814 par Napoléon : « Tous les maires, fonctionnaires publics et « habitants qui, au lieu d'exciter l'élan patriotique du « peuple, le refroidissent ou dissuadent les citoyens « d'une légitime défense seront considérés comme « traîtres et traités comme tels... » et l'imprimé envoyé le 6 par le ministre aux préfet, sous-préfets et maires du département du Rhône : « S'il était des êtres assez « pusillanimes pour calculer les chances d'une légitime « défense, qu'ils écoutent leurs malheureux concitoyens « de la Champagne, ils apprendront que dans les lieux « où l'on a cru pouvoir se confier aux promesses de « l'ennemi, on a eu autant à souffrir de ses mauvais « traitements et de ses spoliations... Les magistrats et

[1] *Guerre, ouvr. cité.*

« tous les citoyens qui tiendraient une autre conduite
« se montreraient indignes du nom français et mérite-
« raient les peines que nos lois réservent aux traîtres... »
décrets qu'ils avaient volontairement oubliés.

Le vieux soldat de Castiglione n'était pas capable de s'imposer à ces timorés, Chaptal et Bondy encore moins. Une lassitude générale avait gagné les fonctionnaires et les généraux de l'Empire. Les objurgations, les ordres de Napoléon n'étaient plus suffisants pour les stimuler. Le sentiment patriotique même leur faisait défaut puisqu'ils n'allaient pas jusqu'à tenter l'impossible pour arrêter l'invasion.

Cependant, l'Empereur n'a-t-il pas aussi sa part de responsabilité ? S'imaginant des ressources qui n'existaient pas, ignorant les effectifs, les lieux de stationnement de ses troupes, il donna le plus souvent des ordres impossibles à remplir. Le manque d'initiative de ses officiers, de ses fonctionnaires, surprend grandement. Mais si l'on considère que Napoléon, pendant les dix années de son règne, voulut tout diriger par lui-même, ne permit jamais à aucun de ses subalternes de donner des ordres personnels et fut très sévère pour ceux qui l'osèrent, on comprendra mieux l'inertie de 1814.

« Il n'y a plus d'énergie en France ! » disait le duc de Vicence. Mais si le pays n'avait plus de ressort moral, la faute n'en était-elle pas à l'Empereur qui embarrassa peut-être cruellement ses lieutenants en les faisant hésiter entre l'obéissance absolue qu'ils lui avaient toujours témoignée et le devoir que leur dictait présentement leur conscience ?...

Les fonctionnaires, de leur côté, sentaient que demain était incertain : « Il convient donc de servir sans « zèle, avec des maladresses explicables, puis à l'heure « opportune, si elle sonne, on donnera de l'éclat à sa « trahison[1]. » La bourgeoisie était excédée par les droits réunis et la conscription qui atteignaient ce qu'elle avait de plus cher : sa bourse et ses enfants. Seul le peuple gardait l'enthousiasme et la confiance. Aussi quels miracles n'eût pas réalisé Augereau s'il eût vraiment fait appel à la population ouvrière lyonnaise; si, utilisant toutes les forces dont il disposait, il eût résolument marché en avant. Schwarzenberg, qui tremblait à cause de la supériorité numérique des Français sur le Rhône, qui détachait 40.000 hommes pour en soutenir 12.000, qui battait en retraite sur Langres, démoralisé; Schwarzenberg, poursuivi par l'Empereur, coupé de ses communications par Augereau, était annihilé et Blücher devait reculer jusqu'au Rhin...

La diversion conçue par Napoléon fut manquée par la mollesse d'Augereau, les fautes nombreuses des collaborateurs du maréchal et l'influence néfaste qu'ils exercèrent sur lui. Il ne sut que se plaindre sur l'absence de ressources sans essayer de les trouver dans la ville. Il ne sut passer outre aux jérémiades du maire et des conseillers. L'honneur de la ville et de l'armée l'exigeait. Un maréchal de France ne doit pas rendre une place tant qu'il lui reste l'espoir de résister victorieusement et, même si cet espoir est perdu, tant qu'il lui reste

---

[1] Maurice Vitrac et Arnould Galopin, Introduction au *Manuscrit de 1814* (baron Fain), Modern-Collection historique, A. Fayard, édit.

un morceau de pain à manger, un coup de canon à tirer.

Puis, quand on a soi-même de l'énergie et que ceux qui vous entourent n'en ont point, on essaie de leur en insuffler par persuasion et, si celle-ci ne suffit pas, par la force.

TABLE DES MATIÈRES

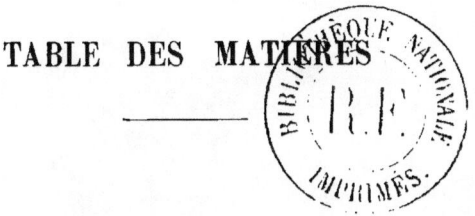

AVANT-PROPOS	6
I. LA PREMIÈRE MENACE CONTRE LYON. — La ville aux derniers jours de décembre 1813	7
Arrivée de Chaptal. Premières mesures. Les corps francs et la Légion lyonnaise	14
Arrivée d'Augereau. Les combats aux portes de la ville Retraite des Autrichiens.	32
II. LA FORMATION DE L'ARMÉE DE LYON. — Les réquisitions. Les divers contingents	51
Le Régiment du Rhône.	63
Le départ de l'Armée de Lyon.	82
III. LA RETRAITE D'AUGEREAU SUR LYON. — Les préparatifs de défense. Les réquisitions	85
La reddition de Lyon	92

Lyon. — Imprimerie A. REY, 4, rue Gentil. —

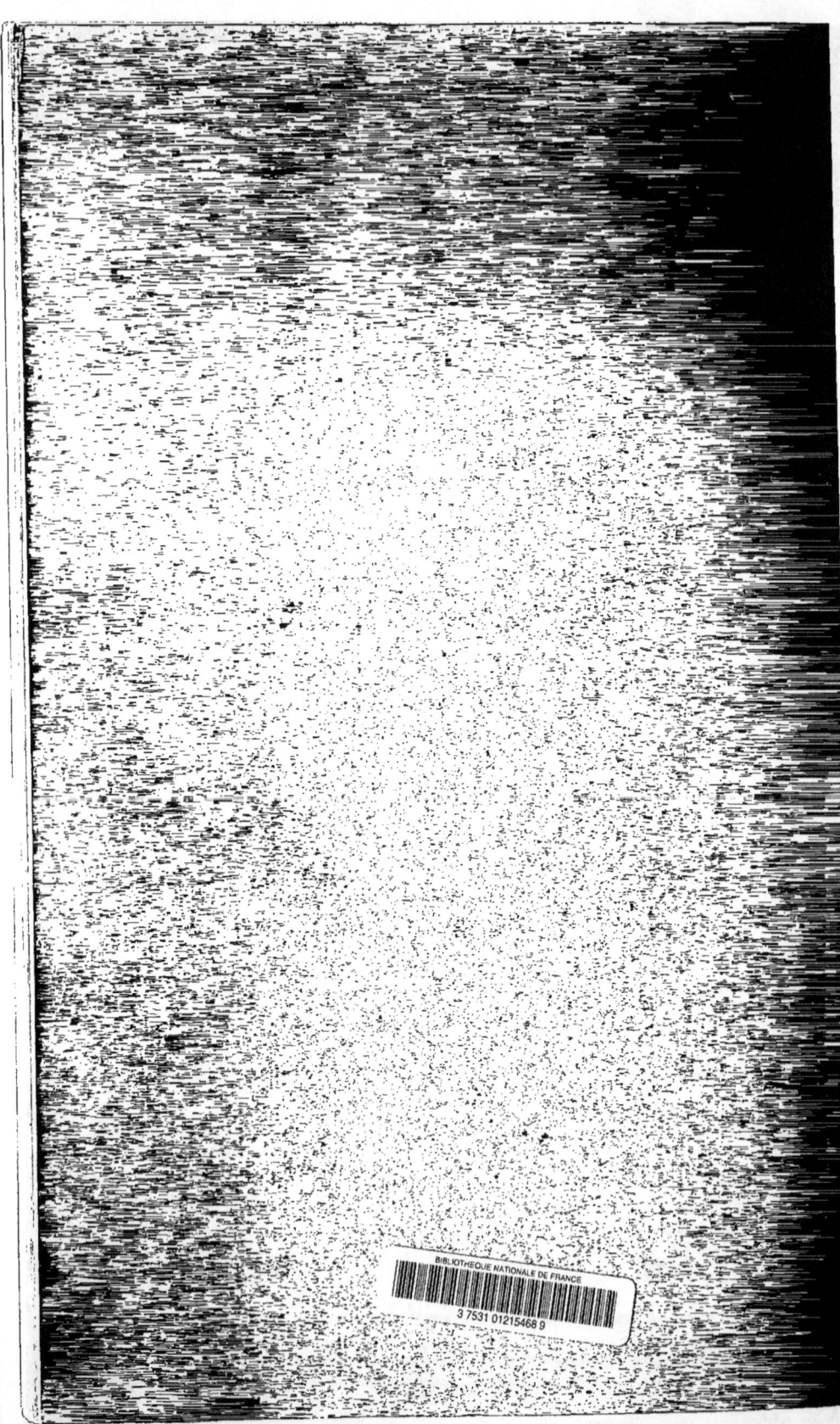

www.ingramcontent.com/pod-product-compliance
Lightning Source LLC
Chambersburg PA
CBHW070530100426
42743CB00010B/2026